Vorwort

Dieses Heft voller Arbeitsblätter zum Kopieren besteht aus zwei Teilen:

Teil **A** mit dem Schwerpunkt
Texterschließung;
Teil **B** mit dem Schwerpunkt
Interpretation.

In beiden Teilen wird eine Vielzahl von handlungs- und produktionsorientierten Aufgabenstellungen angeboten.

Zur Differenzierung finden sich in Teil **A** und **B** jeweils drei Arbeitsblätter, die in zwei Differenzierungsstufen angeboten werden. Darüber hinaus werden auf (fast) allen Arbeitsblättern Zusatzaufgaben für leistungsstärkere Schülerinnen und Schüler angeboten.

Teil **A** beginnt mit einem Arbeitsblatt **A1**, das den Schülerinnen und Schülern vor der eigentlichen Lektüre eine erste Annäherung an den Text ermöglicht. Danach folgen vier inhaltlich-thematische Schwerpunkte: **Stanleys Familie, Stanleys Straftat, Im Camp, Vergangenheit.**

Außerdem gliedert dieser Teil den Roman in sechs Leseabschnitte:

Seite 📖 1 – 57   📖 58 – 106   📖 107 – 158
📖 159 – 202   📖 203 – 258   📖 259 – 296

Diese Einteilung bietet die Möglichkeit, die Ganzschrift verzögert zu lesen.

Nach jeweils zwei Leseabschnitten folgt ein **Quiz** zur Sicherung und Überprüfung des Textverständnisses (nach **A9** · **A13** · **A19**).

Durch Querverweise von Teil **A** in den Teil → **B** ist es möglich, bestimmte Aspekte gezielt zu vertiefen und **individuelle Unterrichtsschwerpunkte** bei der Interpretation zu setzen.

Teil **B** besteht aus sechs thematischen Gruppen: **Stanleys Familie, Stanleys Straftat, Im Camp, Vergangenheit, Mut, Freundschaft.**

Die Bearbeitung von Aufgabenstellungen aus Teil **B** setzt in der Regel die Kenntnis der gesamten Ganzschrift voraus. Hier werden vermehrt **kreative** und **handlungsorientierte** Aufgabenstellungen angeboten.

Die Querverweise wiederum von Teil **B** nach Teil → **A** ermöglichen es den Schülerinnen und Schülern, jederzeit selbstständig die Verbindungslinien zwischen den Arbeitsschritten nachzuvollziehen, was den Einsatz des Heftes in der **Freiarbeit** unterstützt.

Dazu dienen auch die verkleinerten **Lösungskarten** zur Selbstkontrolle. Der Lösungsteil beginnt nach dem Arbeitsblatt **B16**.

Jedes Arbeitsblatt ist in sich abgeschlossen, bildet eine kleine thematische Einheit, sodass Sie als Unterrichtende/r frei auswählen können.

D. h. auch, dass keinesfalls alle Arbeitsblätter bearbeitet werden müssen: Sie können auch nur ein Thema oder einzelne Arbeitsblätter zu verschiedenen Themen auswählen oder die Themen werden von Gruppen arbeitsteilig bearbeitet.

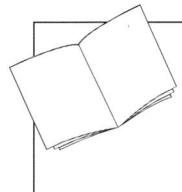 **Textgrundlage ist die Ausgabe von Gulliver von Beltz & Gelberg:**

Sachar, Louis: Löcher, Die Geheimnisse von Green Lake, © Weinheim/Basel 1999 (10. Auflage)

Auf diese Ausgabe beziehen sich die Seitenangaben 📖.

Vorschläge zur Unterrichtsplanung

I. Verzögerte Lektüre: ca. 12 Wochenstunden für Texterschließung und Interpretation einzelner Aspekte

1. UW: S. 1 – 106, **A1-9**, Quiz 1

2. UW: S. 107 – 230, **A10-16**, Quiz 2

3. UW: S. 231 – 296, **A17-19**, **B1**–**B9**, Quiz 3

4. UW: **B10**–**B16**

II. Vollständiges Lesen der Lektüre zu Hause:
Mehr Flexibilität im Unterricht ermöglicht das vollständige Lesen der Ganzschrift zu Hause. Begleitend können Arbeitsblätter aus Teil **A** und die Quiz-Seiten bearbeitet werden. In den Unterricht könnte dann schwerpunktmäßig **B** eingehen.

Ab Seite 60 sind **Hinweise für Lehrerinnen und Lehrer** zu finden.

▪ Partnerarbeit	▪▪ Gruppenarbeit
📄 Extrablatt	③ Zusatzaufgabe
A1 **B1** Differenzierungsangebot	

Inhalt

Lektüre: Löcher © 2012 Oldenbourg Schulbuchverlag GmbH

Inhalt

A1   Annäherung an den Text

Leseerwartungen formulieren

1   Hier siehst du verschiedene Titelbilder für den Roman Löcher (englisch: Holes) von Louis Sachar. Beschreibe: Was kannst du erkennen?

_____

_____

_____

_____

_____

2   Wovon könnte dieser Roman handeln? Schreibe eine kurze Zusammenfassung, die zu diesen Bildern passen könnte.

_____

_____

_____

_____

_____

_____

3   Welches Titelbild spricht Leser in deinem Alter wohl am besten an? Begründe deine Meinung.

_____

_____

_____

_____

12–16

A2 | # Stanley und seine Familie → **B** 2·3

Einen Stammbaum zeichnen

1 **a** Ergänze den Stammbaum von Stanleys Familie: Elya Yelnats, Sarah Miller, Stanley I, Stanley II, Stanley III, Stanley IV.

   b Die folgenden Personen haben ebenfalls eine wichtige Rolle in der Familie. Trage sie in den Stammbaum ein: Myra Menke, Igor Barkov, Madame Zeroni.

2 Welche Worte passen zu welcher Person? Ergänze die Namen.

Held des Romans: _____   Stanleys Urgroßvater: _____

der Schweinedieb: _____   Alnats Sohn: _____

Yelnats erste Liebe: _____   Yelnats Konkurrent: _____

Stanleys Vater: _____   Yelnats Frau: _____

hilft Yelnats bei der Brautwerbung: _____

Name: Klasse: Datum:

12–16

A2 Stanley und seine Familie

→ B 2·3

Einen Stammbaum zeichnen

1 Ergänze den Stammbaum von Stanleys Familie: Elya Yelnats, Sarah Miller, Stanley I, Stanley II, Stanley III, Stanley IV. Die folgenden Personen haben ebenfalls eine wichtige Rolle in der Familie. Trage sie in den Stammbaum ein: Myra Menke, Igor Barkov, Madame Zeroni.

2 Das Lied, das Sarah für ihren Sohn singt, soll sich in Englisch reimen (53, Z. 24–54, Z. 2). In der deutschen Übersetzung reimt es sich nicht. Schreibe eine deutsche Fassung, die sich reimt.

| **A3** | # Stanley und seine „Straftat" | → **B** 1·2 |

Ein Polizist schreibt einen Bericht über Stanley

1 Nachdem Stanley festgenommen worden ist, schreibt ein Polizist zunächst einen Bericht über seine „Straftat". Informationen erhältst du auf 📖 32–35.

Name: _____

Alter: _____

Tat: _____

Tatort: _____

Tatzeit: _____

Motive: _____

2 Dann schreibt er ein Polizeiprotokoll über den Hergang. Dazu benutzt er die Präsens-Form.

_____

_____

_____

_____

_____

_____

_____

3 Als er Stanley das Protokoll zur Unterschrift vorlegt, ist dieser mit dem Text nicht zufrieden. Er möchte einiges korrigieren. Wie sieht er den Hergang?

_____

_____

_____

_____

| A4 | **Das Camp** | → B 5·6·10 |

Die Camp-Regeln

1 Schreibe einen Aushang, der das Leben im Camp genau festlegt. Schaue dazu auf 📖 7–8, 17–18, 19–20, 23, 37–38, 116. Die Seiten können dir weiterhelfen.

a Welche Regeln gelten?

_____

_____

_____

_____

_____

_____

_____

_____

_____

b Was ist verboten?

_____

_____

_____

_____

_____

_____

_____

c Welche Bestrafungen gibt es?

_____

_____

 2 Damit ihr leichter miteinander über den Text sprechen könnt, könnt ihr euch ein Zeilenfenster herstellen: Dazu schneidet ihr aus einem größeren Stück Papier ein Fenster aus, in das der Text im Buch gerade richtig hineinpasst. Markiert nun auf dem Fenster die Zeilen. Nehmt dabei immer nur die Zeilen 5, 10, 15, 20 ... Dieses Zeilenfenster könnt ihr jetzt immer anlegen, wenn ihr mit den anderen über bestimmte Textstellen sprechen wollt.

36–55

| A5 | **Vergangenheit und Gegenwart** | → (B) 2·3 |

Ururgroßvater Yelnats

1 Im Kapitel 7 (📖 36–55) wird zum einen von der Vergangenheit von Stanleys Ururgroßvater Yelnats erzählt, zum anderen von Stanleys Mühen am ersten Arbeitstag im Camp. Suche die entsprechenden Seitenangaben heraus und fasse stichpunktartig zusammen.

Vergangenheit	Gegenwart
	S. 36–39: Stanley wird in die Arbeit eingewiesen
S. 39–43: Yelnats erhält von Madame Zeroni ein Schwein, das er für seine Geliebte aufziehen soll	

2 Was verknüpft die beiden Handlungsstränge? Kreuze die richtige Antwort an:

Beide (Yelnats und Stanley) müssen schwer arbeiten. ☐

Durch den Rückblick wird erzählt, woher Stanley seinen Namen hat. ☐

Es wird klar, warum Stanley sich eigentlich in dieser Situation befindet:
Sein Ururgroßvater wurde von einem Fluch verfolgt, der der ganzen Familie anhaftet. ☐

Beide Geschichten stehen im Kontrast: Yelnats lebt in Lettland und Stanley in den USA. ☐

Lektüre: Löcher © 2012 Oldenbourg Schulbuchverlag GmbH

A5   # Vergangenheit und Gegenwart   → **B** 2·3

Ururgroßvater Yelnats

1   Im Kapitel 7 (📖 36–55) wird zum einen von der Vergangenheit von Stanleys Ururgroßvater Yelnats erzählt, zum anderen von Stanleys Mühen am ersten Arbeitstag im Camp. Suche die entsprechenden Seitenangaben heraus und fasse stichpunktartig zusammen.

Vergangenheit	Gegenwart
	S. 36–39:
S. 39–43:	

2   Was verknüpft die beiden Handlungsstränge?

VERGANGENHEIT

GEGENWART

Name:	Klasse:	Datum:

A6	**Sich auf den Roman beziehen I**	→ (B) 5·6·7

Ein Lexikonartikel – Die Gila-Krustenechse

1 Die Gila-Krustenechse ist für die Handlung des Romans sehr wichtig. Im 📖 56–57 wird sie genau beschrieben. Suche in einem Lexikon oder im Internet weitere Informationen über diese Reptilien.

Wissenschaftlicher Name: _____

Aussehen: _____
_____

Lebensweise: _____
_____

Lebensraum: _____
_____

Gefährlichkeit / Giftigkeit: _____
_____

2 a Welche Informationen findest du auch im Roman (📖 56–57)? Kreuze an.

wissenschaftlicher Name ☐   Aussehen ☐

Lebensweise ☐   Lebensraum ☐

Gefährlichkeit / Giftigkeit ☐

b Welche zusätzlichen Informationen erhältst du durch den Roman? _____
_____

56–77

Name: Klasse: Datum:

A7 Die Jungen im Camp

→ B 2·3·5·6

Spitznamen und ihre Bedeutung

1 Die Jungen im Camp haben alle einen Spitznamen. Was bedeuten diese Namen?

Name	Spitzname	Was bedeutet der Spitzname?
	Höhlenmensch	
	Zapp	
	Zero	
	X-Ray	
	Magnet	
	Torpedo	

2 Es gibt viele Spitznamen, die nett gemeint sind, und die man selbst auch gerne verwendet. Es gibt aber auch solche Spitznamen, mit denen man sich über andere lustig macht. Wie ist das bei den Namen der Jungen im Camp?

positive Spitznamen	negative Spitznamen

3 Erkläre: Warum nennt Stanley „Zero" am Ende nicht mehr bei seinem Spitznamen?

4 Habt ihr auch Spitznamen? Wie sind sie entstanden?

78-102

A8 | # Das Goldröhrchen

Textdetektive   13

Stanley findet ein Goldröhrchen. Betätige dich als Detektivin / Detektiv und schreibe deine Vermutungen auf.

1 Worum könnte es sich bei diesem Röhrchen handeln?

_____

2 Was bedeuten die Initialen K. B.?

_____

3 Wie ist das Röhrchen dorthin gekommen?

_____

4 Meinst du, dass die Chefin sich für das Röhrchen interessiert? Wieso (nicht)?

_____

_____

5 Erkläre: Warum gibt Stanley X-Ray das Röhrchen, obwohl er weiß, dass dieser dafür seine Belohnung kassieren wird?

_____

_____

_____

_____

6 Erkläre: Warum wollte X-Ray am Morgen nicht mit Stanley über das Röhrchen sprechen?

_____

_____

_____

_____

| **A9** | **Zero möchte lesen lernen** | → (B) 12 |

Genaues Lesen üben

1　a　Wie genau kannst du lesen? Schaue dir noch einmal die Seiten an, auf denen Stanley Zero das Lesen beibringen möchte. Kreuze dann bei den folgenden Aussagen an, ob sie richtig oder falsch sind.

　　b　Begründe deine Antworten durch entsprechende Textstellen mit Seitenangaben aus dem Text.

	richtig	falsch
Stanley hält Zero nicht für dumm.	☐	☐
Zero kann schon das Alphabet.	☐	☐
Stanley ist ein guter Lehrer.	☐	☐
Zero glaubt, dass Stanley den Handel ungerecht findet.	☐	☐
Zero kann weder rechnen noch lesen.	☐	☐

2　Erkläre: Woran merkt man, dass Stanley Zero das Lesen in der englischen Sprache beibringt?

14

Quiz 1

1 Suche im Buchstabenrätsel die Begriffe zu den folgenden Umschreibungen.

1) Was muss Elya auf den Berg tragen?
2) Was gibt es zum Frühstück im Camp?
3) Name des Basketballspielers, dessen Schuhe geklaut werden: Clyde …
4) Wie heißt Elyas Frau? … Miller
5) Wie viele gelbe Flecken haben die Eidechsen im Camp?
6) Woher stammt Stanleys Ururgroßvater?
7) Was heißt „Schlüssel" auf Englisch?
8) Von wem wird die Kutsche von Stanleys Urgroßvater ausgeraubt? … Barlow
9) Was will Magnet später werden?
10) Was findet Stanley in seinem zweiten Loch?
11) Welcher Junge hat Stanley früher immer gemobbt?
12) Welchen berühmten Schriftsteller kennt Stanley? … Dickens
13) Welche Spitznamen hat Stanley?
14) Wie wird der recreation room auch genannt?
15) Was gibt es in den Duschen zur Überwachung der Camp-Jungen? Kameras und …

```
A F B D L L E T T L A N D A
R H T E L F S B L L F L G T
S O S R S M G B T W F L O U
G E T R E I D E B R E I R A
G H T I L K E Y G E N V L I
E L F C G R B G R C D I O U
E E T K A O S T L K R N A R
F N S O F F A K K R E G K R
S M E S I O B I F O S S I L
V E W K G N R S F O S T F S
V N K A T E U V W M E O U V
K S C H W E I N F F U N I B
I C H A R L E S S A R A H I
K H E F S R E K R G K S E K
```

Name: Klasse: Datum:

A10 **Die Chefin**   → **B** 2

Sätze ergänzen

1 Ergänze die folgenden Sätze. Schlage auf 📖 113 – 118 nach. Du kannst auch folgendes Wortmaterial benutzen: „die Camp-Insassen so nah", „der Lack getrocknet", „mit beiden Händen" „mit rosa Blumen", „Sack gestohlen".

Mr Sir: Ja, allerdings glaube ich nicht, dass er die Wahrheit sagt. Ich vermute

_____

Plötzlich schrie Mr Sir auf und

_____

Neben dem Waschbecken sah er das Köfferchen. Es war

_____

Stanley hätte gedacht, dass es der Chefin nicht gefallen würde; dass

_____

Es ist vollkommen harmlos – wenn

_____

2 Erkläre: Wie merkt man an folgendem Ausspruch, dass Walker die Chefin ist? „,Ihre Sonnenblumen-kerne interessieren mich herzlich wenig', sagte die Chefin mit sanfter Stimme."

_____

_____

_____

_____

Lektüre: Löcher © 2012 Oldenbourg Schulbuchverlag GmbH

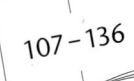

A10 **Die Chefin**   → **B** 2

Sätze ergänzen

1 Ergänze die folgenden Sätze. Versuche es zunächst ohne Hilfe des Buchs. Wenn du dich nicht mehr erinnern kannst, schlage auf 📖 113 – 118 nach.

Mr Sir: Ja, allerdings glaube ich nicht, dass er die Wahrheit sagt. Ich vermute _____

_____

Plötzlich schrie Mr Sir auf und _____

_____

Neben dem Waschbecken sah er das Köfferchen. Es war _____

_____

Stanley hätte gedacht, dass es der Chefin nicht gefallen würde, dass _____

_____

Es ist vollkommen harmlos – wenn _____

_____

2 Erkläre: Wie merkt man, dass Walker die Chefin ist? Welchen Ton hat sie ihren Untergebenen gegenüber? Belege mit einem Beispiel und gib die Textstelle an.

_____

_____

_____

_____

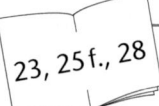

Name:	Klasse:	Datum:

A11 **Die Kissin'-Kate-Story**   → (B) 3

Den Inhalt zusammenfassen

1 Notiere beim Lesen der Kapitel 23, 25, 26, 28 die wichtigsten Stichworte zur Kissin'-Kate-Story.

_____

_____

_____

_____

_____

2 Schreibe im Folgenden eine Zusammenfassung dieser Story.

_____

_____

_____

_____

_____

_____

_____

_____

_____

_____

_____

_____

_____

_____

3 Wen findest du sympathisch in dieser Geschichte? Begründe deine Aussagen.

Katherine ist mir _____ *, weil* _____

Trout Walker ist mir _____ *, weil* _____

Sam ist mir _____ *, weil* _____

Linda Miller ist mir _____ *, weil* _____

Der Sheriff ist mir _____ *, weil* _____

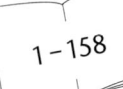

A12 # Kapitelüberschriften finden I

Teil 1

1 Finde Kapitelüberschriften für die Kapitel von Teil 1.

Teil 1:

1: _____

2: _____

3: _____

4: _____

5: _____

6: _____

7: _____

8: _____

9: _____

10: _____

11: _____

12: _____

13: _____

14: _____

15: _____

16: _____

17: _____

18: _____

19: _____

20: _____

21: _____

22: _____

23: _____

24: _____

25: _____

26: _____

27: _____

28: _____

164–202

A13   # Die Flucht I   → Ⓑ 11 · 12

Stanley alleine in der Wüste

1   Beantworte die folgenden Fragen zur Flucht. Notiere auch die Seitenangabe.

Wie heißt das Boot, das die beiden in der Wüste finden? Warum trägt es diesen Namen?

_____

Was finden die Jungen in den Gläsern? _____

Welchen Hebel muss Stanley zurückziehen, um das Auto zu starten? _____

Was findet er in der Wüste, was ihm zeigt, dass Zero hier gewesen war? _____

Das wie vielte Loch hebt Stanley aus, bevor er auf die Flucht geht? _____

2   a   Finde für folgende Aussagen aus dem Text die entsprechenden Fragen.
     Tipp: Verwende die folgenden Fragewörter: **Woran? Wobei? Wer? Was? Wohin?**

   b   Auf welcher Seite findest du diese Sätze?

Der Junge ist ein Genie. *Wer* _____ ?

(📖 _____)

Daran gewöhnst du dich. _____ ?

(📖 _____)

Beim Laufen wurde er langsam ruhiger. _____ ?

(📖 _____)

Dann erschien eine dunkle Hand und ein orange-roter Ärmel in der Tunnelöffnung. _____
_____ ?

(📖 _____)

Ich gehe nicht zurück. _____ ?

(📖 _____)

Name: _____ Klasse: _____ Datum: _____

Quiz 2

1 Ergänze die Lösungen und gib die Seite im Buch an, auf der du die Lösung gefunden hast.

1. Wer tötete Kissin' Kate? _____ (📖 _____)

2. Wo bewahrt die Chefin ihren Spezialnagellack auf? _____
_____ (📖 _____)

3. Was wirft Zickzack Stanley in seinem Loch zu? _____
_____ (📖 _____)

4. Woran erinnert Stanley die goldene Hülse? _____ (📖 _____)

5. Wieso hieß Charles Walter „Trout"? _____ (📖 _____)

6. Was fordert der Sheriff von Katherine, um Sam am Leben zu lassen? _____
_____ (📖 _____)

7. Wer weint in der Nacht? _____ (📖 _____)

8. Wie heißt Zapp mit richtigem Namen? _____ (📖 _____)

9. Was steht auf dem Sack, den Stanley in der Wüste findet? _____
_____ (📖 _____)

10. An welchem Tag hat Zickzack angeblich Geburtstag? _____
_____ (📖 _____)

11. Wie nennt Stanleys Urgroßvater den Berg in der Wüste? _____
_____ (📖 _____)

12. Was macht Mr Pendanski, als Zero sich prügelt? _____
_____ (📖 _____)

13. Wie nennt Zero den Inhalt der Einmachgläser? _____
_____ (📖 _____)

Wiedersehen mit Zero

1 In den folgenden Text haben sich einige „Stolperwörter" eingeschlichen, die nicht hineingehören. Lies genau und unterstreiche sie.

> Stanley überlegte nach, ob er wieder hinuntersteigen sollte, um morgens nach der Schaufel zu suchen und damit das Loch zu vergrößern. Vielleicht hätten sie dann echt sauberes Wasser. Die Einmachgläser könnten sie als Trinkgefäße nehmen. Aber er glaubte nicht, dass seine Kraft dazu reichte, geschweige denn, es nicht wieder hier hinauf zu schaffen. Außerdem wusste er ja auch gar nicht, wo er suchen sollte. Mühsam kam er auf die Beine. Er stand in einem Feld aus vielen lauter grünweißen Blumen, das den Großen Daumen ganz zu umschließen schien. Er atmete tief durch und ging dann die letzten fünfzig Meter Yards bis zu dem riesigen, betonierten Felsen und legte eine Hand darauf.

2 Die Flucht der beiden Jungen wird spannend beschrieben. Dazu gehört, dass am Ende jedes Kapitels besonders wichtige Informationen zu finden sind, die die Handlung vorantreiben. Ordne die folgenden „letzten Sätze" den richtigen Kapiteln zu.

letzter Satz	Kapitel
„Seine Augen wanderten vom Berg zu seiner Faust und dann wieder zurück zum Berg."	_____
„Kurze Zeit später liefen sie im langen, schmalen Schatten des Daumens."	_____
„Zero schwieg."	_____
„Dann erschien eine dunkle Hand und ein orange-roter Ärmel in der Tunnelöffnung."	_____
„Eis mit heißer Karamellsauce."	_____

3 Erkläre: Welche Wirkung hat es, wenn man wichtige neue Informationen ans Ende eines Kapitels stellt?

_____

4 Beschrifte die Zeichnung, die auch auf 📖 249 in deinem Buch abgedruckt ist.

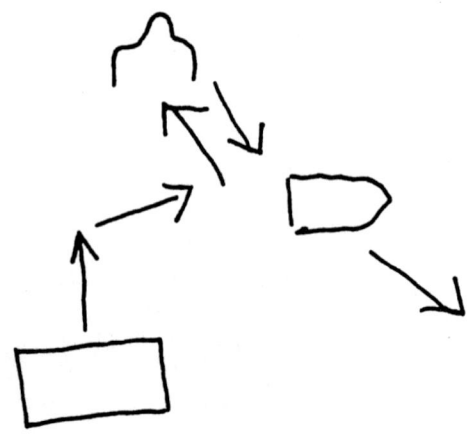

| A15 | **Zero I** | → Ⓑ 13 |

Zeros Geständnis

1 Zero macht Stanley ein Geständnis. Welches Geständnis ist es? Gib es wieder.

_____

_____

_____

2 Lies auf 📖 222–223 und 232–233 noch einmal genau und finde die folgenden Worte.
Gib die Seite und die Zeile an. Benutze dazu dein Zeilenfenster (siehe Arbeitsblatt A4).

„die von Clyde Livingston?": 📖 _____

„furchtbar gestunken haben": 📖 _____

„meine Schuld": 📖 _____

„etwas Erleichterung": 📖 _____

3 Wie kommt es, dass Zero das Schweine-Lied kennt? Erkläre die komplizierte Geschichte.
Du kannst auch noch einmal auf 📖 52, 240 und 291 nachsehen.

_____

_____

_____

230–233

A16 **Zero II** → Ⓑ 2

Zeros verschwundene Akte

1 Wieso verschwindet im 31. Kapitel (📖 178–182) plötzlich Zeros Akte? Kreuze an.

Zero hatte nie eine Akte. ☐

Jemand möchte etwas in seiner Akte verändern. ☐

Mr Pedanksi und die Chefin wissen, dass er keine Familie hat, die nachfragen könnte. ☐

Sie befürchten Nachfragen von Zeros Familie. ☐

2 Was könnte in dieser Akte über ihn stehen (Name, Alter, Herkunft, Straftat ...)?
Lies dazu noch mal genau auf 📖 230–233 nach.

3 Welche Informationen über Zeros Familie stehen nicht in dieser Akte, weil sie außer ihm niemand weiß? Lies auf 📖 240–251 und 291–296 nach.

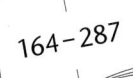

Name: _____ Klasse: _____ Datum: _____

A17 # Kapitelüberschriften finden II

Teil 2

25

1 Finde Kapitelüberschriften für die Kapitel von Teil 2 und Teil 3.

Teil 2:

29: _____

30: _____

31: _____

32: _____

33: _____

34: _____

35: _____

36: _____

37: _____

38: _____

39: _____

40: _____

41: _____

42: _____

43: _____

44: _____

45: _____

46: _____

47: _____

48: _____

49: _____

Teil 3:

50: _____

Name: Klasse: Datum:

A18 **Drei Geschichten**   → **B** 11 · 12 · 13

Erzählstränge unterscheiden

1 Finde für folgende Handlungsteile die richtigen Kapitel, z. B. Der Fund: Kap. 13 – 18.

Handlungsteil   **Kapitel**

• Die Rahmenhandlung   _____

                                            _____

• Die Ururgroßvaterhandlung   _____

• Die Katherine-Barlow-Handlung   _____

• Das Leben im Camp   _____

• Der Fund   *Kap. 13 – 18*

• Stanley hat einen neuen Feind und einen neuen Freund   _____

• Der große Daumen, Aufruhr im Camp, Zeros und Stanleys Flucht   _____

• Die Flucht   _____

• Am großen Daumen und die Rückkehr   _____

• Entdeckung und glückliches Ende   _____

2 Die drei Handlungsebenen werden am Ende des Romans miteinander verknüpft. Zum Beispiel taucht das Motiv des „Fluchs" aus der Ururgroßvaterhandlung wieder auf. Welche anderen Motive zu den drei Handlungssträngen werden verwendet, um eine Verknüpfung zu erreichen?

Die Ururgroßvaterhandlung	Die Katherine-Barlow-Handlung	Die Stanley-Handlung
_____	_____	_____
_____	_____	_____
_____	_____	_____
_____	_____	_____
_____	_____	_____

Stanley und Zero am Großen Daumen

Lektüre: Löcher © 2012 Oldenbourg Schulbuchverlag GmbH

Schaubild der Figurenkonstellationen

1 In der folgenden Tabelle befinden sich Namen, Spitznamen und Personenbeschreibung von acht Personen, die in dem Roman eine Rolle spielen. Ergänze die folgende Tabelle.

Name	Spitzname	Personenbeschreibung
	Höhlenmensch	Ururenkel von Elya Yelnats, ist nur aus Zufall in Green Lake
Hector Zeroni		Ururururenkel von Madame Zeroni
Rex		Junge in Green Lake
Warden Walker	The Warden / Boss	
	Kissin' Kate Barlow	erst Lehrerin, später eine der berüchtigtsten Banditinnen der USA
Sam	Onion-Sam	
	Mom	Betreuer des Zeltes D
Marion Sevillo		Assistent von Warden Walker

2 Ordne die Beziehung der Figuren in einem Schaubild.

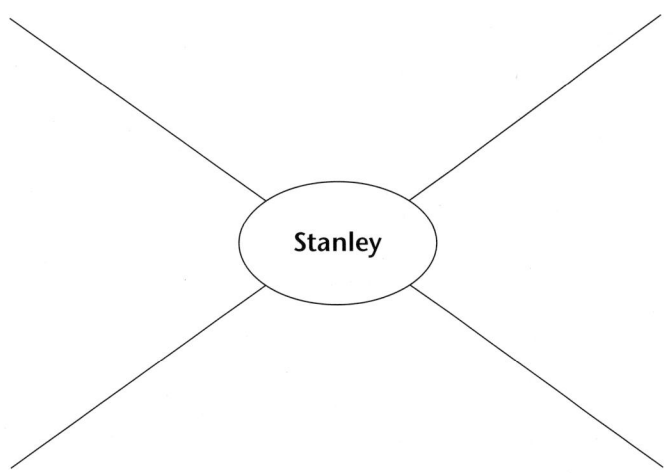

Name: Klasse: Datum:

Quiz 3

1 Fülle das Kreuzworträtsel aus. (ä, ö, ü, ß = 1 Buchstabe)

$$\underline{\quad}\ \underline{\quad}\ \underline{\quad}\ \underline{\quad}\ \underline{\quad}\quad \underline{\quad}\ \underline{\quad}\ \overset{v}{\underline{\quad}}\ \underline{\quad}\ \underline{\quad}\ \underline{\quad}\ \underline{\quad}\ \underline{\quad}\ \underline{\quad}\ \underline{\quad}$$
$$1\ \ 2\ \ 3\ \ 4\ \ 5\quad\ 6\ \ 7\ \ 8\ \ 9\ \ 10\ 11\ 12\ 13\ 14\ 15$$

1) Wie heißt Hattie mit Nachnamen?

2) Was tauchen Stanley und Zero ins Wasserloch?

3) Welche Beruf hat der Mann von Hattie Parker?

4) Was klaut Zero für Stanley im Camp?

5) Was finden die beiden beim Graben in der Nacht?

6) Welche Bäume stehen im Camp?

7) Wie heißt das Boot, das Zero und Stanley in der Wüste finden?

8) Warum erkennt die Chefin den richterlichen Befehl nicht an? Es fehlt die ...

9) Wer (außer der Campleitung) würde verklagt, wenn Stanley etwas in der Wüste zustoßen würde? Der Staat ...

10) Wogegen erfindet Stanleys Vater etwas?

11) Wonach riecht die Erfindung von Stanleys Vater?

12) Warum greift die Eidechse Stanley im Loch nicht an?

13) Wie heißt Stanleys Anwältin mit Nachnamen?

14) Wen greift die Eidechse im Loch an?

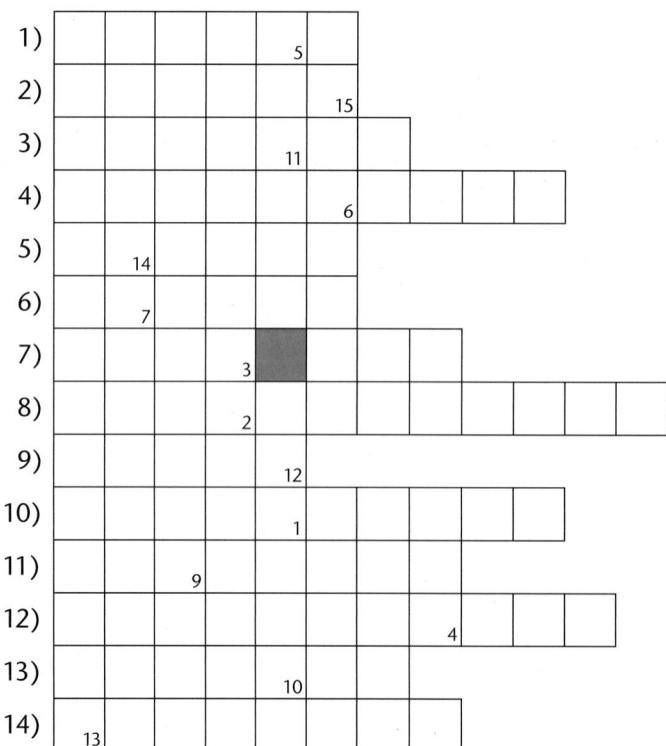

Lektüre: Löcher © 2012 Oldenbourg Schulbuchverlag GmbH

(**B1**)   **Eine Gerichtsverhandlung**   → [A] 3

Stanley vor Gericht

1 a In Kapitel 6 (32–35) erfährt man etwas über Stanleys Gerichtsverhandlung. Spielt diese in der Klasse nach. Dazu müsst ihr zunächst Rollenkarten erstellen, die mehr darüber sagen, wie sich eine Person in dieser Verhandlung verhalten soll. Nehmt jeweils eine Karte für jede Person.

b Schreibt wie bei dem Beispiel des Richters Rollenkarten für den Staatsanwalt, den Anwalt des Kinderheims, Stanleys Anwalt, Stanleys Eltern, Stanley, Clyde Livingston und Stanleys Lehrerin (Mrs Bell).

> *Richter – Rollenkarte*
>
> *Ich weiß nicht so recht, was ich von diesem Stanley halten soll. Eigentlich sieht er ja nicht aus wie ein Dieb, dazu ist er aber viel zu träge und zu übergewichtig, vielleicht auch zu dumm. Andererseits spricht ja nun wirklich alles gegen ihn. Er wurde auf frischer Tat ertappt. Seine dumme Ausrede, die Schuhe seien vom Himmel gefallen! Das glaubt ihm ja niemand!*

2 Teilt euch in Gruppen zu den einzelnen Personen auf. Bereitet euch mithilfe der Rollenkarten vor und spielt die Gerichtsverhandlung.

> **Gerichtsverhandlung**
>
> – Eröffnung durch den Richter / die Richterin: Anlass des Verfahrens, Darstellung des Falls, zu klärende Fragen …
>
> – Befragung der Zeuginnen und Zeugen:
>   • Der zu befragende Zeuge nimmt auf dem Zeugenstuhl dem Plenum gegenüber Platz.
>   • Der Staatsanwalt tritt vor und stellt dem Zeugen direkt seine Fragen.
>   • Der Zeuge ist zur Antwort verpflichtet.
>
>   Gibt es keine Fragen mehr, nimmt der nächste Zeuge auf dem Zeugenstuhl Platz.
>
> – Abschluss: Die Richterin / Der Richter beendet die Befragung und setzt eine Verhandlungs- pause an, während derer sie / er die wichtigsten Erkenntnisse zusammenfasst. Nach der Pause gibt sie / er die Erkenntnisse bekannt und fällt das Urteil.

Die Figuren charakterisieren

1   Schreibe stichwortartig auf, was du über die folgenden Figuren aus dem Roman erfahren hast.

Stanley Yelnats

_____

_____

_____

_____

_____

Zero (Hector Zeroni)

_____

_____

_____

_____

_____

Mr Sir

_____

_____

_____

_____

_____

Mr Pendanski

_____

_____

_____

_____

_____

The Warden

_____

_____

_____

_____

_____

X-Ray

_____

_____

_____

_____

_____

  Gesamttext

B3   **Die Figuren III**   → ☐ A   5 · 11 · 18 · 19

Die Figuren der Vergangenheit charakterisieren

1   Wir erfahren auch etwas über Menschen, die schon lange tot sind. Schreibe stichwortartig auf, was du über diese Figuren aus dem Roman erfahren hast.

Elya Yelnats

_____

_____

_____

_____

Madame Zeroni

_____

_____

_____

_____

Katherine Barlow

_____

_____

_____

_____

Sam (der Zwiebelmann)

_____

_____

_____

_____

Charles „Trout" Walker

_____

_____

_____

_____

_____

Stanley Yelnats I

_____

_____

_____

_____

_____

Standbilder bauen

 **1** Schreibt die Namen aller Figuren auf einzelne Zettel. Verteilt die Zettel – wer ihr seid, ist ein Geheimnis!

2 Jede Schülerin / Jeder Schüler schreibt eine Rollenbiografie zu seiner Figur. Diese könnte Folgendes enthalten: Name, Alter, Beruf, Umfeld (Familie, Freunde, „Kollegen"), eigene Geschichte, persönliche Vorlieben / Fehler / Fähigkeiten / Schwächen / Abneigungen, Erfahrungen, Hoffnungen, Wünsche, Zukunftsvorstellungen ...

 3 Stellt euch vor, jede / jeder sollte ein typisches Foto machen, das die eigene Figur des Romans charakterisiert: Dazu stellt man die Figur in eine typische Position und lasst sie einen typischen Gesichtsausdruck und eine typische Körperhaltung annehmen. Dann wird die Position ca. eine halbe Minute eingehalten.

Die anderen Schülerinnen und Schüler müssen raten, welche Figur dargestellt wurde. Es muss begründet werden, wie man zu einer bestimmten Zuordnung gekommen ist – auch wenn diese falsch ist.

4 Noch ausdrucksstärker wird das „Foto", wenn man eine Figur dazustellt. Dann kann man nämlich zeigen, wie die Figur mit den anderen umgeht, welche Macht oder Ohnmacht sie ausstrahlt.

Dazu sollte man sich einen Partner suchen, mit dem man sich eine bestimmte Position überlegt, die man dann dem Rest der Klasse vorführt.

5 Es ist auch möglich, ein „Gruppenfoto" zu machen. Auch hier darf zunächst nicht gesprochen werden. Einer stellt sich auf, die anderen kommen dazu. Erst wenn alle stehen, darf gesprochen werden. Dann sollen alle Figuren erraten werden.

Interessant wird es, wenn Figuren aufeinandertreffen, die zu verschiedenen Zeiten gelebt haben.

6 Man kann das Foto auch dadurch ergänzen, dass man die Figur einen besonders typischen Satz sprechen lässt.

Das können Sätze aus dem Roman sein, aber auch eigene Sätze, die zur Person passen.

B5 # Sich auf den Roman beziehen II → A 4

Ein Zeitungsartikel – Bootcamps

1 Lies den folgenden Zeitungsartikel über Bootcamps und kläre die unterstrichenen Wörter bzw. einzelnen Wortbestandteile mithilfe eines Wörterbuchs.

Tod im „amerikanischen <u>Gulag</u>"

Sie werden angebrüllt, in Uniformen gesteckt und über Hindernisstrecken gejagt. Redeverbot, <u>Isolationshaft</u> oder Fußketten sollen dafür sorgen, dass aus <u>widerborstigen</u> Teenagern mit Hang zu Drogen und Schulschwänzen fügsame Jugendliche mit den richtigen <u>Idealen</u> werden.

5 „Sir, yes Sir" lautet die <u>devote</u> <u>Standardantwort</u> der Kids auf Befehle ihrer „<u>Instruktoren</u>". <u>Verbale</u> Ausfälle, Beleidigungen und <u>animalisches</u> Gebrüll im <u>Soldatenjargon</u> sind in amerikanischen Bootcamps an der Tagesordnung. Pummelige Teenager ächzen unter Liegestützen und krabbeln über meterhohe Hindernisse, um die Freude an der „persönlichen Grenzüber-
10 windung" zu erfahren.

Die jugendlichen <u>Normabweichler</u> lernen, Ordnung zu halten, ihr Bett zu machen und brav den Rücken durchzudrücken. Weil die trägen Stadtkinder nicht an Bewegung gewöhnt sind, erleiden einige Kreislaufzusammenbrüche und Schwächeanfälle. <u>Hysterische</u> Ausbrüche ob des plötz-
15 lichen Freiheitsentzuges und der <u>rüden</u> Umgangsformen sind keine Seltenheit. (…) Der 14-jährige Anthony Haynes starb in einem westlich von Phoenix gelegenen Bootcamp, nachdem er offenbar stundenlang der intensiven Wüstenhitze ausgesetzt und dazu gezwungen worden war, Sand zu essen. Laut Berichten ehemaliger Beschäftigter des Camps waren
20 Schläge, Tritte und der Befehl, Schmutz zu essen, an der Tagesordnung. (…)

In Deutschland steht man den amerikanischen Erziehungslagern von jeher <u>skeptisch</u> gegenüber. Nicht nur die mögliche Verletzung von Menschen- und Persönlichkeitsrechten steht hier im Vordergrund, sondern
25 auch die <u>Ineffizienz</u> der angewandten Methoden.

Der niedersächsische Justizminister Christian Pfeiffer hat die Entwicklung der Bootcamps in den Vereinigten Staaten verfolgt. „Es gibt ganz klare <u>empirische</u> Beweise dafür, dass Bootcamps überhaupt nichts bringen, sondern lediglich viel Geld kosten", betonte er gegenüber SPIEGEL ON-
30 LINE und verwies auf Forschungsergebnisse aus den USA, die dazu geführt hätten, dass sich viele Experten und ehemalige Befürworter der staatlichen Bootcamps völlig von der Idee solcher Erziehungslager abgewandt hätten. „Der militärische Drill erhöht die Anpassungsbereitschaft der Jugendlichen nur vorübergehend. Die Persönlichkeit kann man damit im
35 Kern nicht verändern."

 Unterstreiche alle Angaben, die Ähnlichkeiten mit dem Camp in „Löcher" aufweisen, und suche dazu passende Textstellen. Schreibe die entsprechenden Seitenzahlen mit Pfeilen neben den Text.

B6   # Sich auf den Roman beziehen III   → **A** 4

Ein Zeitungsartikel – „Die strengsten Eltern der Welt"

1   Im Fernsehen gibt es die Sendung „Die strengsten Eltern der Welt". Vergleiche diese Art der Erziehung mit der Erziehung in den Bootcamps.

„Das Problem

Sie saufen, sie rauchen und sie machen Party. Vielen Jugendlichen sind Schule, Ausbildung und Haushalt völlig egal – sie sind sich selbst am wichtigsten. Und deswegen ist zu Hause die Hölle los! Die Eltern sind frustriert und völlig hilflos, während ihre Kinder die eigene Zukunft gegen die Wand setzen. Die eingefahrenen Strukturen im Haushalt und Konflikte, die sich immer weiter zuspitzen, führen in eine scheinbar ausweglose Situation.

‚Die strengsten Eltern der Welt' bieten die Lösung. Die aufmüpfigen Teenager werden für 14 Tage aus ihrem Alltag gerissen und in eine fremde Familie, in ein fremdes Land, in eine fremde Kultur gesteckt."

_____

_____

_____

_____

_____

_____

_____

_____

_____

2   Sollten auch in Deutschland Bootcamps errichtet werden? Schreibe Pro- und Kontra-Argumente in die folgende Tabelle. Berücksichtige dabei auch den Zeitungsartikel vom Arbeitsblatt **B5**.

pro Bootcamps	kontra Bootcamps
_____	_____
_____	_____
_____	_____
_____	_____
_____	_____

 3   Am Ende des Zeitungsartikels vom Arbeitsblatt **B5** heißt es: „Die Persönlichkeit kann man damit im Kern nicht verändern." Kannst du dem zustimmen, wenn du „Löcher" gelesen hast? Begründe deine Meinung.

 **B7**　**Sich auf den Roman beziehen IV**　→ **A** 2·5

Ein Bild – Die Auswanderung nach Amerika

1 Im 19. Jahrhundert sind aus Lettland viele Menschen aus den unterschiedlichsten Gründen in die USA ausgewandert. Vermute: Welche Gründe könnten auch für Elya Yelnats, Stanleys Ururgroßvater gegolten haben? Kreuze an.

☐ Abenteuerlust und Fernweh　　　　　☐ Weite, Platz

☐ Natur, Landschaft　　　　　　　　　☐ Unternehmungslust und Herausforderung

☐ bessere Berufschancen　　　　　　　☐ finanzielle Gründe, Steuern

☐ etwas Neues anfangen oder kennenlernen　☐ Verwandte und Ehepartner in den USA

☐ Klima, Wetter　　　　　　　　　　　☐ Lösung von persönlichen Problemen

2 Auf dem Bild kann man Einwanderer in die USA erkennen. Beschreibe das Bild.

_____

_____

_____

_____

_____

_____

_____

_____

_____

_____

_____

_____

_____

 **3** a Was weißt du über Lettland, der Heimat von Elya Yelnats? Suche Informationen im Internet zu folgenden Stichworten: Hauptstadt, Nachbarstaaten, geografische Lage.

　b Suche weitere Informationen im Internet. Was findest du im Zusammenhang mit Elya Yelnats besonders interessant?

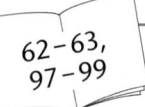

B8 **Drei Briefe I**　　　　　　　　　　　　→ A 2

Stanley schreibt seiner Mutter 1

Stanley möchte immer wieder seiner Mutter schreiben. Dafür hat er Papier mit ins Camp gebracht.
Am Abend des zweiten Tages ( 62) findet er Gelegenheit dazu und fängt an zu schreiben.

1 Stanley erzählt dabei nicht die volle Wahrheit. Ergänze in der Tabelle, was Stanley schreibt und was er beim Schreiben denkt und fühlt.

Briefinhalt	Gedanken beim Schreiben
• Ich habe bereits ein paar Freunde gefunden.	• _____ _____
• Wir sind den ganzen Tag draußen am See gewesen,	• _____ _____
• deswegen bin ich ziemlich müde.	• _____ _____
• Wenn ich die Schwimmprüfung bestanden habe, kann ich Wasserskilaufen lernen.	• _____ _____
• Ich …	• _____ _____

2 Stanley wird von Zero beim Schreiben gestört, deshalb erfahren wir nicht den Schluss des Briefs.
Wie könnte er lauten?

_____

_____

_____

3 Seine Mutter scheint sich über seinen Brief sehr zu freuen (97–98).
Erkläre: Hat sie nicht verstanden, dass er lügt?

_____

_____

_____

_____

Stanley schreibt seiner Mutter 2

1 Stanley schreibt seiner Mutter einen zweiten Brief (📖 104–105). Schreibe auch hier seine Gedanken beim Schreiben auf.

_____

_____

_____

_____

_____

_____

2 Suche dir eine weitere Stelle aus, an der Stanley gerne seiner Mutter von seinen Erlebnissen schreiben würde.

a In welcher Situation würde er gerne schreiben? Belege deine Antwort mit der Seitenangabe.

_____

_____

_____

b Erkläre: Warum will er ihr schreiben?

_____

_____

_____

c Ergänze: Was würde er ihr schreiben?

_____

_____

_____

_____

_____

_____

_____

_____

11, 30, 59, 280

 **B10** **Mobbing**   → A 13

Stanley als Opfer und Held

1 Stanley wird von seinen Mitschülern in der Schule gemobbt. Kreuze an: Welche Gründe gibt es dafür, dass er ein leichtes Opfer ist? Belege deine Antwort mit Seitenangabe.

Stanley kommt aus einer armen Familie.   ☐

Stanley ist unsportlich.   ☐

Stanley ist übergewichtig.   ☐

Stanley stinkt, weil es bei ihm zu Hause nach den Erfindungen seines Vaters stinkt. ☐

Stanleys Vorfahren kommen nicht aus den USA.   ☐

Der Beleg im Buch steht auf Seite: _____

2 Wie sehen ihn die Jungen im Camp? Ergänze die Sätze.

Am Anfang _____

_____

_____

Plötzlich merken sie _____

_____

_____

Am Ende _____

_____

_____

 **3** Ist Stanley ein Mobbing-Opfer? Begründe deine Antwort.

Definition: Mobbing kommt vom Englischen „to mob" = „anpöbeln, angreifen, bedrängen, über jemanden herfallen". Es bezieht sich vor allem auf das Verhalten gegenüber einzelnen Personen, die über einen längeren Zeitraum schikaniert, gequält oder seelisch verletzt werden. Das kann in der Schule, am Arbeitsplatz, im Sportverein oder in anderen Gruppen sein oder auch im Internet stattfinden.

 **4** Was meinst du? Ist Stanley ein „Held"? Was würden seine ehemaligen Klassenkameraden über ihn sagen, wenn er jetzt wieder in die Schule zurückkäme?

Gesamttext

(B11) **Mut** → [A] 13

Ein fiktives Interview mit Stanley

1 Stanley ist eigentlich ein Angsthase, aber im Laufe des Romans beweist er mehr und mehr Mut. Welches Verhalten hältst du für mutig?

Stanley stiehlt den Pick-up. ☐

Stanley lässt Zero in der Wüste nicht im Stich. ☐

Stanley traut sich, noch einmal nach dem Schatz zu graben. ☐

Stanley übernimmt die Verantwortung für den gestohlenen
Sonnenblumenkernsack und geht für die anderen zur Chefin. ☐

Stanley lässt sich von X-Ray nicht provozieren, als dieser ihn angreift,
weil Zero ihm sein Loch gräbt. ☐

Stanley sucht nach Zero. ☐

2 Ihr seid Journalisten und sollt ein Interview mit Stanley schreiben. Was würde er auf folgende Fragen antworten? Ihr könnt die folgenden Stichwörter benutzen.

| X-Ray das Röhrchen gegeben, sonst Probleme mit ihm | Freund gefunden | nicht mutig |

| Schule: nie protestiert bei Mobbing | nicht an schlechten Fluch glauben |

| Zero würde auch mir helfen | Vertrauen in eigene Fähigkeiten |

| Kraft bekommen | sich selbst etwas zutrauen |

- Wann warst du ein Feigling? Warum hast du dich nicht mutiger verhalten? _____
  _____

- Wieso hast du Zero nicht allein in der Wüste gelassen? _____
  _____

- Warst du schon immer so mutig? _____
  _____

- Was hat dir die Kraft gegeben, mutig zu sein? _____
  _____

- Was würdest du anderen Jugendlichen raten? _____
  _____

Gesamttext

（B11） **Mut** → ⬚ A 13

Ein fiktives Interview mit Stanley

1 Stanley ist eigentlich ein Angsthase, aber im Laufe des Romans beweist er immer mehr Mut. Welches Verhalten hältst du für mutig? Begründe deine Antworten.

Stanley stiehlt den Pick-up. ☐

Stanley lässt Zero in der Wüste nicht im Stich ☐

Stanley traut sich, noch einmal nach dem Schatz zu graben. ☐

Stanley übernimmt die Verantwortung für den gestohlenen
Sonnenblumenkernsack und geht für die anderen zur Chefin ☐

Stanley lässt sich von X-Ray nicht provozieren, als dieser ihn angreift,
weil Zero ihm sein Loch gräbt. ☐

Stanley sucht nach Zero. ☐

_____

_____

_____

_____

2 Du bist Journalist und sollst nun ein Interview mit Stanley schreiben. Was würde er auf folgende Fragen antworten?

Wann warst du ein Feigling? Warum hast du dich nicht mutiger verhalten? _____

_____

Wieso hast du Zero nicht allein in der Wüste gelassen? _____

_____

Warst du schon immer so mutig? _____

_____

Was hat dir die Kraft gegeben, mutig zu sein? _____

_____

Was würdest du anderen Jugendlichen raten? _____

_____

3 Ergänze drei weitere Fragen und Antworten.

Lektüre: Löcher © 2012 Oldenbourg Schulbuchverlag GmbH

105 – 293

B12 **Freundschaft** → A 9 · 14

Die Beziehung zwischen Stanley und Zero

1 Bevor Stanley ins Camp kam, hatte er nie Freunde. Zeichne eine Kurve für die langsam entstehende Freundschaft zwischen Stanley und Zero. Kennzeichne, welche Vorkommnisse diese vorangetrieben haben. Notiere dazu ein Stichwort und eine passende Seitenangabe.

 **Freundschaft**　　　　　　　　　→　A　9·14

105–293

Die Beziehung zwischen Stanley und Zero

1 Bevor Stanley ins Camp kam, hatte er nie Freunde. Zeichne eine Kurve für die langsam entstehende Freundschaft zwischen Stanley und Zero.

2 a Einige Vorkommnisse haben die Entstehung der Freundschaft vorangetrieben. Schreibe die richtigen Seitenangaben hinter die Vorkommnisse: 105, 121, 123, 171, 185 ff., 216, 235 ff., 244, 278, 293.

　　b Überlege dir ein Stichwort, das die Vorkommnisse charakterisiert.

　　c Ordne nun Stichwort und Seitenangabe in die Kurve ein.

• Stanley bittet Zero, mehr zu trinken.

📖 _____　_____

• Stanley bittet die Anwältin, sich um Zero zu kümmern.

📖 _____　_____

• Vertrag zwischen beiden: Stanley bietet Zero an, ihm das Lesen beizubringen, wenn Zero seine Löcher weitergräbt.

📖 _____　_____

• Stanley und Zero sind mit Sweet Feet zusammen bei einem Fest.

📖 _____　_____

• Zero verteidigt Stanley, als er von Zickzack angegriffen wird.

📖 _____　_____

• Stanley sucht Zero.

📖 _____　_____

• Zero gräbt Stanley sein Loch fertig, als Stanley zur Chefin muss.

📖 _____　_____

• Stanley trägt Zero, als er zusammenbricht.

📖 _____　_____

• Zero möchte lesen lernen.

📖 _____　_____

• Stanley ist glücklich, weil er Zero zum Freund hat.

📖 _____　_____

(B13) # Eine Präsentation gestalten → [A] 5 · 11 · 12 · 17 · 18

Ein Drehbuch schreiben

Gestalte „Löcher" als Bildergeschichte im Power-Point-Format. Dazu kannst du eine Bühne, z. B. in einem Schuhkarton, bauen, die die Wüste darstellt. Auf diese Bühne stellst du Figuren, die du aus Papier aus- geschnitten hast. Fotografiere verschiedene Szenen der Geschichte. Stelle die Fotos in eine Power-Point- Präsentation und füge jeweils einen wichtigen Satz hinzu, der die Szene erklärt. Du kannst diese Sätze auch als Audio-Datei aufnehmen, ja sie sogar mit Musik unterlegen. Führe diese Power-Point-Präsentation in einem dunklen Raum vor. So hast du einen kleinen Film. Am besten macht ihr diese Arbeit in kleinen Gruppen. Achtet darauf, dass ihr nur Sätze aussucht, die man auch gut als Bilder umsetzen kann.

1 Bevor du dich nun ans Basteln / Fotografieren / Bearbeiten am Computer machst, musst du ein Drehbuch schreiben. Schreibe bei Bedarf auf einem Zusatzblatt weiter.

ausgewählte Szene	zusammenfassender Satz
1) Stanley fährt den Pick-up.	„Immer schneller raste der Wagen über den ausgetrockneten See." (S. 186–187)
2) Stanley springt auf die Schaufel, um tiefer graben zu können.	„Bloß noch zehn Millionen mal so viel, dachte er, platzierte die Schaufel von neuem auf dem Spalt und sprang wieder darauf." (S. 38)
3) Yelnats trägt das Schwein auf den Berg.	„Das Schwein wurde immer fetter und Elya wurde immer kräftiger." (S. 44)
4) Stanley schreibt einen Brief an seine Mutter.	„Liebe Mom, heute war mein erster Tag hier im Camp und ich habe bereits ein paar Freunde gefunden." (S. 62)
5) Stanley findet ein Fossil.	„Wieder schaute er den Fisch an. Das war das Wun- der, er hatte es gefunden." (S. 66)
6) Stanley gibt Zickzack das Röhrchen.	„Kann sein, dass ich was gefunden habe." (S. 81)
7)	
8)	
9)	
10)	
11)	
12)	
13)	
14)	

B13 · **Eine Präsentation gestalten** → A 5 · 11 · 12 · 17 · 18

Ein Drehbuch schreiben

Gestalte „Löcher" als Bildergeschichte im Power-Point-Format. Dazu kannst du eine Bühne bauen, die die Wüste darstellt. Auf diese Bühne stellst du Figuren, die du aus Papier ausgeschnitten hast. Fotografiere verschiedene Szenen der Geschichte. Stelle die Fotos in eine Power-Point-Präsentation und füge jeweils einen wichtigen Satz hinzu, der die Szene erklärt. Du kannst diese Sätze auch als Audio-Datei aufnehmen, ja sie sogar mit Musik unterlegen. Führe diese Power-Point-Präsentation in einem dunklen Raum vor. So hast du einen kleinen Film. Am besten macht ihr diese Arbeit in kleinen Gruppen.

1 Bevor du dich nun ans Basteln / Fotografieren / Bearbeiten am Computer machst, musst du ein Drehbuch schreiben. Schreibe bei Bedarf auf einem Zusatzblatt weiter.

ausgewählte Szene	zusammenfassender Satz
Stanley fährt den Pick-up.	*„Immer schneller raste der Wagen über den ausgetrockneten See." (S. 186–187)*
1)	
2)	
3)	
4)	
5)	
6)	
7)	
8)	
9)	
10)	
11)	
12)	
13)	

Lektüre: Löcher © 2012 Oldenbourg Schulbuchverlag GmbH

Gesamttext

(B14) **Eine Umfrage**   → **A**   7

Menschen haben Stärken und Schwächen

1 Eine wichtige Botschaft des Buchs lautet, dass Menschen mit den Anforderungen wachsen.
Suche nach Textstellen, in denen dies vermittelt wird: Welche Personen kommen zu diesem Ergebnis?
Über wen sprechen sie?

Textstellen	Person	Seite

2 Zero sagt: „Ich bin ja nicht dumm." (📖 127). Er kann zwar nicht lesen, aber er kann gut rechnen.
Sicher gibt es auch in eurer Klasse unterschiedliche Begabungen: Die einen können gut Fußball
spielen, die anderen gut Diktate schreiben.

     a Führt eine Umfrage in eurer Klasse und dann auch mit Erwachsenen durch: Befragt sie nach
        ihren Stärken und Schwächen. Erstellt dazu zunächst einen Fragebogen und legt ihn dann
        mindestens 20 Personen vor.

     b Erstellt ein Diagramm, in dem ihr die Ergebnisse eurer Umfrage darstellt.

 **B15** **Vergleich mit dem Film** → A 1

Die Geheimnisse von Green Lake

1 Im Folgenden ist eine Filmkritik zu dem Film „Die Geheimnisse von Green Lake" abgedruckt, der nach dem Roman „Löcher" gedreht wurde. Was meinst du: Ist das eine Empfehlung oder ein Verriss? Unterstreiche im Text Belege für deine Behauptung.

„In den USA zählt Louis Sachars preisgekrönter Roman ‚Holes' zu den größten Kinderbuch-Erfolgen der letzten Jahre. Sachar, der auch das Drehbuch für die Verfilmung schrieb, gelang eine Mixtur aus Jugenddrama, Märchen, Wildwest-Ballade und surrealer* Farce, die sich mit traumwandlerischer Sicherheit auf einem halben Dutzend Ebenen parallel bewegt und am Ende dann alle Erzählstränge plausibel miteinander verknüpft. Kinder unter zehn Jahren werden vom geheimnisvollen Green Lake allerdings gleich doppelt überfordert sein. Zum einen geht's mitunter ziemlich grimmig und gruselig zu. Zum anderen schneidet der Film auch Themen wie Rassimus, soziale Verwahrlosung, Obdachlosigkeit und Gewalt gegen Kinder an. Da kommen Menschen im einstelligen Altersbereich noch nicht mit. Größere Kids und ihre erwachsenen Begleiter werden von dem vertrackten Story-Konstrukt dagegen fasziniert sein."

* surreal: unwirklich

Die Filmkritik ist _____

_____

_____

_____

_____

 **2** Versucht selbst, im Internet oder in Zeitschriften Personen zu finden, die eine Rolle in diesem Film übernehmen könnten. Klebt Bilder von ihnen auf ein großes Plakat und schreibt dazu, welche Rolle sie spielen könnten. Vergleicht eure Auswahl mit dem Film.

3 Der Regisseur Andrew Davis ist bekannt für seine Action-Filme. Das Buch „Holes" („Löcher") ist nicht gerade ein Action-Buch, sondern durch die drei Erzählstränge manchmal sogar ziemlich kompliziert. Wie ist Davis mit dem Stoff umgegangen? Warum hat er wohl den Titel verändert?

(B16) Wertung → A 1

Eine Buchkritik schreiben

1 Schreibe eine Buchkritik des Textes. Sie sollte aus drei Teilen bestehen:

a kurze Wiedergabe des Inhalts

_____

_____

_____

_____

_____

_____

b angesprochene Themen im Roman

_____

_____

_____

_____

_____

_____

c gelungene / misslungene Elemente des Romans

_____

_____

_____

_____

_____

_____

d abschließende Bewertung (wie viele *****) mit Begründung der Entscheidung

_____

_____

_____

_____

Name: Klasse: Datum:

Arbeitsblatt / Station		bearbeitet am
A1	Annäherung an den Text	
A2	Stanley und seine Familie	
A3	Stanley und seine „Straftat"	
A4	Das Camp	
A5	Vergangenheit und Gegenwart	
A6	Sich auf den Roman beziehen I	
A7	Die Jungen im Camp	
A8	Das Goldröhrchen	
A9	Zero möchte lesen lernen	
	Quiz 1	
A10	Die Chefin	
A11	Die Kissin'-Kate-Story	
A12	Kapitelüberschriften finden I	
A13	Die Flucht I	
	Quiz 2	
A14	Die Flucht II	
A15	Zero I	
A16	Zero II	
A17	Kapitelüberschriften finden II	
A18	Drei Geschichten	
A19	Die Figuren I	
	Quiz 3	
B1	Eine Gerichtsverhandlung	
B2	Die Figuren II	
B3	Die Figuren III	
B4	Die Figuren IV	
B5	Sich auf den Roman beziehen II	
B6	Sich auf den Roman beziehen III	
B7	Sich auf den Roman beziehen IV	
B8	Drei Briefe I	
B9	Drei Briefe II	
B10	Mobbing	
B11	Mut	
B12	Freundschaft	
B13	Eine Präsentation gestalten	
B14	Eine Umfrage	
B15	Vergleich mit dem Film	
B16	Wertung	

1 Bild 1: Zweiteilung: Himmel und Erde getrennt durch den Titel, dieser wird durch eine Echse hinter der Schrift unterbrochen, die sowohl auf die Erde wie in den Himmel hineinragt

Bild 2: Wüste mit ausgetrockneter Erde, einige Löcher, eine Schaufel, Titel „Holes"

Bild 3: Zweiteilung: die obere Fläche soll den Himmel darstellen, dort steht in schwarzer Schrift der Titel, unten Fläche mit Löchern, aus einem Loch ragt bis zum Bauch eine männliche Gestalt mit Schaufel, dabei ist der Kopf im Vergleich zu dem restlichen Körper überproportional groß

Bild 4: Zweiteilung: die obere Fläche soll den Himmel darstellen, dort steht in hellerer Schrift der Titel mit Autorenangabe, unten zwei Löcher, in einem steckt eine Schaufel, unten angeschnitten ein Kopf mit Kappe, den Schirm nach hinten aufgesetzt

2 Wie der Titel schon andeutet, geht es um das Graben von Löchern, das sieht man auch auf den Titelbildern. Man könnte annehmen, dass diese Löcher gegraben werden, um einen Schatz zu finden. Der dargestellte Held mit der Schaufel ist gerade dabei, diesen Schatz zu heben.

3 individuelle Lösungen

1 a + b

2 Held des Romans – Stanley IV
der Schweinedieb – Elya Yelnats
Yelnats erste Liebe – Myra Menke
Stanleys Vater – Stenley Yelnats III
hilft Yelnats bei der Brautwerbung – Madame Zeroni
Stanleys Urgroßvater – Stanley Yelnats I
Alnats Sohn – Stanley Yelnats II
Yelnats Konkurrent – Igor Barkov
Yelnats Frau – Sarah Miller

1

2 individuelle Lösungen

mögliche Lösung
„Wenn, ja wenn", seufzte der Specht,
„die Rinde wär nicht so schlecht."
Einsam darbt der Wolf, oho
heult unten zum Mond, oho
zum Mo-ho-ond:
„Wenn, ja wenn."

1 Name: Stanley Yelnats
Alter: 15 Jahre
Tat: Diebstahl der Turnschuhe des berühmten Baseball-Stars Clyde Livingston im Kinderheim
Tatort: vor dem Kinderheim, der Täter wurde ergriffen, als er von dort weglaufen wollte
Tatzeit: später Nachmittag
Motive: Habgier: der Täter wollte die Turnschuhe klauen, die 5000 Dollar wert sind

2 Der fünfzehnjährige Stanley Yelnats entwendet am 12. September die gebrauchten Turnschuhe des berühmten Baseballstars Clyde Livingston. Dazu dringt er in das Kinderheim ein, das diese Schuhe bei einer Benefiz-Veranstaltung am Abend für 5000 Dollar zugunsten von Straßenkindern versteigern will. Nach dem Diebstahl entfernt sich der Täter rennend vom Tatort.

3 Ich habe die Schuhe nicht geklaut, sie sind vom Himmel gefallen, als ich unter einer Unterführung ging. Ich wollte sie schnell meinem Vater bringen, weil sie übel nach Fußschweiß stanken und mein Vater ein Recyclingverfahren für alte Turnschuhe entwickeln will. Außerdem habe ich immer Pech, weil mein Ururgroßvater ein elender Tunichtgut und Schweinedieb war.

1 a • Die Camp-Insassen leben in den Zelten A, B, C, D oder E. Die Betreuer schlafen in Zelt F. (S. 23)
• Arbeit: Die Zöglinge sollen Löcher graben, die so tief sind, wie ihre Spaten lang sind. Danach haben sie den Rest des Tages frei. Wer gefunden hat, was die Chefin sucht, bekommt sofort den Rest des Tages frei. (S. 37 f.)
• Frühstück gibt es um halb fünf Uhr morgens.
• Jeder Zögling hat zwei orange-rote Garnituren. Die eine trägt er bei der Arbeit, die andere in der Freizeit. Waschtag ist alle drei Tage.

b Es ist verboten,
• den Boss zu ärgern
• sich in die Hängematte zu legen
• die Klapperschlangen und Skorpione zu stören
• Es verstößt gegen die texanischen Gesetze, das Gelände mit Gewehren oder sonstigen Waffen, Sprengstoff, Drogen oder Alkohol zu betreten. (S. 18)

c Strafen:
• Wer sich widersetzt, dem trägt die Chefin einen Nagellack mit Klapperschlangengift auf, der die Haut verätzt.

2 individuelle Lösungen

1 Vergangenheit
S. 39 – 43: Yelnats erhält von Mme Zeroni ein Schwein, das er für seine Geliebte aufziehen soll
S. 44 – 45: Yelnats' Schwein wiegt so viel wie das seines Konkurrenten
S. 46 – 48: Yelnats erkennt, dass Myra ihn nicht liebt, sie kann sich nicht zwischen den beiden Männern entscheiden; er gibt auf
S. 49 – 50: Yelnats wandert nach Amerika aus
S. 52 – 54: Yelnats findet in Amerika eine Frau, die ihn liebt, obwohl er immer Pech hat

Gegenwart
S. 36 – 39: Stanley wird in die Arbeit eingewiesen
S. 43 – 44: Stanley ist der langsamste
S. 45 – 46: Die Erdhaufen neben dem Loch stören und müssen weggehoben werden
S. 48 – 49: Stanley leidet weiter
S. 50 – 52: Stanley ist der Letzte

2 Die 3. Antwort ist richtig: Es wird klar, warum Stanley sich eigentlich in dieser Situation befindet: Sein Ururgroßvater wurde von einem Fluch verfolgt, der der ganzen Familie anhaftet.

1 Vergangenheit
S. 39 – 43: Yelnats erhält von Mme Zeroni ein Schwein, das er für seine Geliebte aufziehen soll
S. 44 – 45: Yelnats´ Schwein wiegt so viel wie das seines Konkurrenten
S. 46 – 48: Yelnats erkennt, dass Myra ihn nicht liebt, sie kann sich nicht zwischen den beiden Männern entscheiden; er gibt auf
S. 49 – 50: Yelnats wandert nach Amerika aus
S. 52 – 54: Yelnats findet in Amerika eine Frau, die ihn liebt, obwohl er immer Pech hat

Gegenwart
S. 43 – 44: Stanley ist der langsamste
S. 45 – 46: Die Erdhaufen neben dem Loch stören und müssen weggehoben werden
S. 48 – 49: Stanley leidet weiter
S. 50 – 52: Stanley ist der Letzte

2 Mit dem Rückblick wird erzählt, warum Stanley sich eigentlich in dieser Situation befindet: Sein Ururgroßvater wurde von einem Fluch verfolgt, der der ganzen Familie anhaftet.

1 Wissenschaftlicher Name: Heloderma suspectum

Aussehen: Körperlänge 70 – 100 cm, breiter, massiv aussehender Körper, großer Kopf mit winzigen Augen und kurzen Beinen mit scharfen Krallen; kräftiger Schwanz, die Haut ist schwarz und höckrig mit roten bis rosa Flecken, die auch orange bis gelb sein können

Lebensweise: Die Gila-Krustenechse ist, angepasst an ihre trockene Umgebung, dämmerungs- und nachtaktiv, bei kühlerem Wetter aber auch über Tag. Tagsüber hält sie sich in Erdhöhlen oder unter Steinen auf. Ihre Nahrung besteht aus Vogel- und Reptilieneiern, kleinen Wirbeltieren und wirbellosen Tieren. Sie kann eine Hungerzeit von mehreren Monaten überstehen, allerdings muss sie regelmäßig Wasser aufnehmen. Sie wird bis zu 20 Jahren alt.

Lebensraum: Die Gila-Krustenechse lebt in der Sonora-Wüste im Südwesten der USA und im Nordwesten Mexikos. Ihr Name bezieht sich auf den Gila-Fluss im Südwesten der USA (Bundesstaat Arizona) und ist mexikanischen Ursprungs, daher ist die Aussprache wie „Hiela". Sie ist von Meeresniveau bis in Höhen von 1500 m zu finden.

→

Gefährlichkeit / Giftigkeit: Die Gila-Krustenechse erzeugt in umgewandelten Unterkieferdrüsen ein Gift, das aus dem Neurotoxin Gilatoxin besteht. Die Echse verbeißt sich in den Körper ihres Opfers und massiert das Gift durch Kaubewegungen ein. Es ist dann sehr schwierig, eine Gila-Krustenechse von ihrem Opfer zu lösen. Das Gift kann ohne ärztliche Behandlungen lebensgefährlich sein. Die Echse beißt nur zur Verteidigung und warnt zuvor durch Fauchen und Zischen. Es sind nur wenige Fälle von menschlichen Opfern bekannt, da die Echse nur zubeißt, wenn man sie bis auf das Äußerste reizt.

2 a Aussehen, Lebensraum, Gefährlichkeit / Giftigkeit

   b Aussehen (Augen), Nahrung

| A7 | Die Jungen im Camp | Seite 12 |

1

Name	Spitz-name	Was bedeutet der Spitzname?
Stanley	Höhlen-mensch	primitiv wie ein Höhlenmensch
Brian	Zapp	„weil er ständig herumzappelte"
Hector	Zero	im Kopf ist nichts drin – „zero"
Rex	X-Ray	X-Ray heißt auf Englisch „Röntgenblick".
José	Magnet	„meine Finger sind nun mal wie kleine Magnete"
Alan	Torpedo	so schnell wie ein Torpedo

2 positive Spitznamen: X-Ray (durchschaut alles), Torpedo (ist schnell), Deo (riecht gut), Zickzack (hält alle auf Zack) / negative Spitznamen: Zero (ist dumm), Höhlenmensch (so primitiv wie die ersten Höhlenmenschen), Zapp (zappelt herum)

3 Stanley merkt, dass der Spitzname „Zero" abwertend ist, den will er einem Freund nicht geben, von dem er gemerkt hat, dass er viele Qualitäten hat.

4 individuelle Lösungen

| A8 | Das Goldröhrchen | Seite 13 |

1 Es ist eine Hülse eines Lippenstifts.

2 Kathrine Barlow

3 Kathrine Barlow muss hier früher gewesen sein.

4 Die Chefin ist wohl auf der Suche nach einem Schatz. Das Röhrchen könnte sie auf die Spur nach ihm bringen.

5 Stanley zieht es vor, mit X-Ray keine Konflikte zu bekommen. Dieser hat ihm auf S. 70 deutlich gesagt, dass er ihm alles geben soll, was er findet, weil er der Chef der Jungen ist. Das muss Stanley respektieren.

6 Die Jungen nehmen an, dass sie mit Kameras und Mikrophonen von der Chefin abgehört werden. Deshalb möchte X-Ray nichts von dem Röhrchen sagen.

| A9 | Zero möchte lesen lernen | Seite 14 |

1 a+b Stanley hält Zero nicht für dumm. (richtig) – „Du scheinst ziemlich fit zu sein in Mathe", meinte Stanley. (S. 127)

Zero kann schon das Alphabet. (falsch) – „Zero musste gedacht haben, dass Stanley ihn aus einem anderen Grund anstarrte, denn er sagte: ..." (S. 126)

Stanley ist ein guter Lehrer. (falsch) – Zero kann einige Buchstaben, macht aber auch Fehler. (S. 124).

Zero glaubt, dass Stanley den Handel ungerecht findet. (richtig) – „..., aber Stanley wusste selbst, dass das, was er gesagt hatte, ziemlich wirr gewesen war." (S. 125)

Zero kann weder rechnen noch lesen. (falsch) – Zero kann schon rechnen: „Das heißt, es gibt zweiundfünfzig," sagte Zero. (S. 125)

2 Stanley erklärt Zero auf S. 125, dass man die großen Buchstaben nur in Wörtern braucht, die am Anfang von einem Satz stehen oder bei Eigennamen. Im Deutschen schreibt man aber alle Substantive / Nomen groß.

1

A	F	B	D	L	L	E	T	T	L	A	N	D	A
R	H	T	E	L	F	S	B	L	L	F	L	G	T
S	O	S	R	S	M	G	B	T	W	F	L	O	U
G	E	T	R	E	I	D	E	B	R	E	I	R	A
G	H	T	I	L	K	E	Y	G	E	N	V	L	I
E	L	F	C	G	R	B	G	R	C	D	I	O	U
E	E	T	K	A	O	S	T	L	K	R	N	A	R
F	N	S	O	F	F	A	K	K	R	E	G	K	R
S	M	E	S	I	O	B	I	F	O	S	S	I	L
V	E	W	K	G	N	R	S	F	O	S	T	F	S
V	N	K	A	T	E	U	V	W	M	E	O	U	V
K	S	C	H	W	E	I	N	F	F	U	N	I	B
I	C	H	A	R	L	E	S	S	A	R	A	H	I
K	H	E	F	S	R	E	K	R	G	K	S	E	K

---

1 Es ist nicht unbedingt die wörtliche Ergänzung zu fordern, eine sinngemäße reicht auch aus:
... einer von den anderen hat den Sack gestohlen und der Höhlenmensch versucht X-Ray oder wen auch immer zu decken. (S. 114)
... hielt sich mit beiden Händen das Gesicht. (S. 117)
... weiß mit rosa Blumen. (S. 115)
... die Camp-Insassen so nah bei ihrem Haus gruben. (S. 113)
... der Lack getrocknet ist. (S. 116)

2 Es fällt auf, dass die Chefin eigentlich einen relativ höflichen und leisen Ton hat. Dabei genießt sie aber – auch durch ihre Machtmittel – Respekt. Letztlich ist ihre Höflichkeit nur vorgetäuscht, sie ist eiskalt und mitleidlos gegenüber ihren Untergebenen.

---

1 Es ist nicht unbedingt die wörtliche Ergänzung zu fordern, eine sinngemäße reicht auch aus:
... einer von den anderen hat den Sack gestohlen und der Höhlenmensch versucht X-Ray oder wen auch immer zu decken. (S. 114)
... hielt sich mit beiden Händen das Gesicht. (S. 117)
... weiß mit rosa Blumen. (S. 115)
... die Camp-Insassen so nah bei ihrem Haus gruben. (S. 113)
... der Lack getrocknet ist. (S. 116)

2 individuelle Lösungen:

mögliche Antwort:
„Ihre Sonnenblumenkerne interessieren mich herzlich wenig." (S. 117)

Es fällt auf, dass die Chefin eigentlich einen relativ höflichen und leisen Ton hat. Dabei genießt sie aber – auch durch ihre Machtmittel – Respekt. Letztlich ist ihre Höflichkeit nur vorgetäuscht, sie ist eiskalt und mitleidlos gegenüber ihren Untergebenen.

---

1 Lehrerin am See Gren Lake, Pfirsichgläser, Liebe zu Sam, Trout Walker wird eifersüchtig, Brand des Schulhauses, Walker ermordet Sam, Kate als Banditin, Walker fordert Schatz, Kate wird von Krustenechse gebissen

2 individuelle Lösungen

mögliche Zusammenfassung:
Katherine Barlow war vor 110 Jahren Lehrerin an dem See Green Lake und war für ihre eingemachten Pfirsiche berühmt. Sie verliebte sich in den schwarzen Zwiebelverkäufer Sam, hatte aber in Trout Walker einen hartnäckigen Verehrer, der es nicht ertrug, zurückgesetzt zu werden, und deshalb das Schulhaus anzündete. Kate floh zum Sheriff, der ihr aber nicht weiterhalf, sondern Sam verurteilte. Katherine wollte mit Sam fliehen, Walker tötete ihn. Daraufhin wurde sie zur Rebellin: zur Banditin Kissin' Kate, die viele Reichtümer erbeutete, und sich an den mittlerweile ausgetrockneten See Green Lake zurückzog. Eines Tages erschien Walker und fordert die Schätze für sich. Sie vergrub den Schatz, wurde von einer Krustenechse gebissen und starb, ohne zu verraten, wo der Schatz vergraben war.

3 individuelle Lösungen

1 individuelle Lösungen

mögliche Antworten:

1: Camp Green Lake und seine Regeln
2: Gefängnis oder Camp Green Lake?
3: Stanley Yelnats' Straftat
4: Stanleys Ankunft im in Camp Green Lake
5: Das neue Leben in Camp Green Lake
6: Erinnerungen an ein Verbrechen, das Stanley nicht begangen hat
7: Das erste Loch ist immer das schwerste
8: Die tödlichen Eidechsen
9: Neue und erste Freunde für Stanley
10: Der erste Fund: Das Fossil
11: Rangordnung im Camp
12: Jeder kann aus seinem Leben etwas machen
13: Das goldene Röhrchen
14: Das Geheimnis des gefundenen Röhrchens
15: Die hoffnungsvolle Suche nach dem Schatz
16: Die geheimnisvolle Abkürzung: K. B.
17: Das Loch ist zu klein
18: Leseunterricht mit Zero
19: Sonnenblumenkerne werden zum Verhängnis
20: Die gefährliche Begegnung mit der Chefin
21: Zeros Hilfe
22: Die Vereinbarung mit Zero beginnt
23: Die Miss Katherine Barlow-Story
24: Die Kratzer der Chefin
→

25: Verbotene Liebe zwischen Katherine und Sam
26: Das Ende einer verbotenen Liebe
27: Mr Sir zeigt Gnade gegenüber Stanley
28: Die Vergiftung der Banditin Kate Barlow

1 Mary Lou – so hieß Sams Esel (S. 195)
Ssplisch – wahrscheinlich handelt es sich um eingemachte Pfirsiche (S. 197 – 199)
den Hebel mit dem Buchstaben D für Drive (S. 186)
er findet eine Tüte mit der Aufschrift „Sonnenblumenkerne" von Mr Sir (S. 191)
das 45. Loch (S. 165)

2 a + b Wer ist ein Genie? (S. 174)
Woran gewöhnst du dich? (S. 184)
Wobei wurde er langsam ruhiger? (S. 188)
Was erschien ...? (S. 195)
Wer geht nicht zurück? / Wohin gehe ich nicht? (S. 201)

1
1. eine Eidechse, S. 158
2. in einem geblümten Köfferchen, S. 115
3. Sack mit Sonnenblumenkernen, S. 109
4. an eine Lippenstifthülse, S. 128
5. seine Füße stanken wie eine Forelle (engl. trout), S. 130
6. einen Kuss, S. 146
7. Torpedo, S. 107
8. Brian, S. 183
9. Sonnenblumenkerne, S. 190
10. 8. Juli, S. 164
11. Gottes Daumen, S. 162
12. er zieht seine Pistole, S. 171
13. Ssplisch, S. 197

1 nach, morgens, echt, nicht, vielen, Meter, betonierten (vgl. S. 221)

2 Kapitel 35
Kapitel 36
Kapitel 37
Kapitel 34
Kapitel 38

3 Der Leser bekommt Lust, weiterzulesen, weil er zwar einen Verdacht auf das Folgende bekommt. Dieser muss sich aber erst noch bestätigen.

4

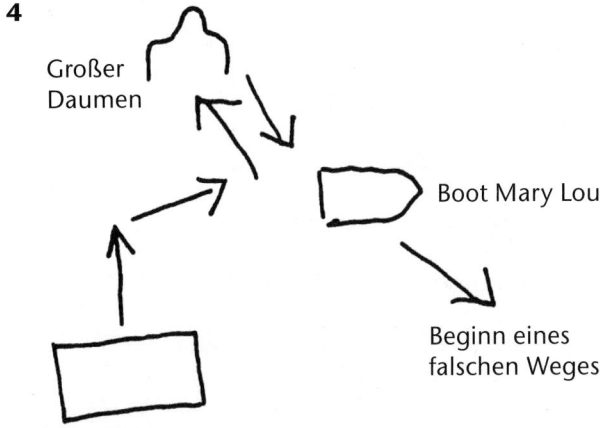

Großer Daumen

Boot Mary Lou

Beginn eines falschen Weges

Camp

1 Zero hat die Schuhe von Clyde Livingston gestohlen und sie dann verloren.

2 „die von Clyde Livingston?": S. 223, Z. 7 +
S. 232, Z. 20
„furchtbar gestunken haben": S. 233, Z. 9
„meine Schuld": S. 222, Z. 25
„etwas Erleichterung": S. 223, Z. 11

3 Es stellt sich am Ende des Textes heraus, dass Zero der Ururururenkel von Madame Zeroni ist (vgl. S. 291). Seine Mutter hat ihm das Lied vorgesungen, als er klein war. Da Sarah aber den Text verändert hatte, war das Lied bei ihm „anders". Auf S. 52 wird erklärt, dass der Sohn von Madame Zeroni in Amerika lebte. Es handelt sich bei diesem Lied also wahrscheinlich um ein Volkslied, das alle Letten kennen.

1 richtig ist die 3. Antwort: „Mr Pedanksi und die Chefin wissen, dass er keine Familie hat, die nachfragen können." (vgl. S. 182)

2 individuelle Lösungen

mögliche Antwort:
Hector Zeroni, ca. 12 Jahre alt, Staatsmündel, im Kinderheim aufgewachsen, Gewohnheitsdieb, hat ein Paar Turnschuhe aus einem Sportgeschäft gestohlen. (vgl. S. 231 – 233)

3 Zero hat zunächst mit seiner Mutter zusammengelebt, die als Diebin lebte. Eines Tages ist sie nicht mehr zurückgekommen und er hat vergeblich auf sie gewartet. (S. 246 ff.) Zero ist außerdem der Ururururenkel von Madame Zeroni (vgl. S. 291).

1 individuelle Lösungen

mögliche Antworten:

Teil 2
29: Das große Gewitter
30: Der harte Kampf in der unerträglichen Hitze
31: Stanley denkt über Zero nach
32: Stanleys große Flucht
33: Die anstrengende Suche nach Zero
34: Unter dem Boot in der Wüste
35: Das erhoffte Wiedersehen mit Zero
36: Zeros schmerzhafte Vergiftung
37: Der anstrengende Aufstieg zum „Großen Daumen"
38: Die Überraschung im Lehmtümpel
39: Zeros Geständnis
40: Zwiebeln, die Rettung
41: Zeros schreckliche Vergangenheit
42: Schlaflose Nacht am „Großen Daumen"
43: Zeros harte Jugend
44: Die nächtliche Schatzsuche
45: Erwischt im tödlichen Eidechsennest
46: Die Monsterechsen greifen an
47: Jetzt kommt Hilfe
48: Endlich aus dem Camp Green Lake
49: Die erholsame Fahrt nach Hause

Teil 3
50: Ein erfreuliches Ende für alle

1 • Die Rahmenhandlung (Romanbeginn und -ende, Kap. 1 – 6, 50)
• Die Ururgroßvater-Handlung (Kap. 7)
• Die Katherine Barlowe-Handlung (Kap. 23, 25, 26, 28, 40)
• Das Leben im Camp (Kap. 7 – 12)
• Der Fund (Kap. 13 – 18)
• Stanley hat einen neuen Feind und einen neuen Freund (Kap. 19 – 22, 24, 27)
• Der Große Daumen, Aufruhr im Camp, Zeros und Stanleys Flucht (Kap. 29 – 34)
• Die Flucht (Kap. 35 – 40)
• Am Großen Daumen und die Rückkehr (Kap. 41 – 44)
• Entdeckung und glückliches Ende (Kap. 45 – 49)

2 **Die Ururgroßvaterhandlung**
Der Fluch / Urgroßvater am Großen Daumen / Das Schweine-Lied
Die Katherine Barlowe-Handlung
Katherine-Barlowe-Pfirsich-Gläser / Sams Zwiebeln Das Boot „Mary Lou" /
Die Stanley-Handlung
Freundschaft zwischen Nachkommen von Yelnats und Madame Zeroni / Stanley und Zero am Großen Daumen

1

Name	Spitzname	Personenbeschreibung
Stanley Yelnats IV	Höhlen-mensch	Ururenkel von Elya Yelnats, ist zufällig in Green Lake
Hector Zeroni	Zero	Urururenkel von Madame Zeroni
Rex	X-Ray / Durchblick	Junge in Green Lake
Warden Walker	The War-den / Boss	Enkeltochter von Linda und Trout Walker, Chefin des Camps
Katherine Barlow	Kissin' Kate Barlow	erst Lehrerin, später eine der berüchtigtsten Bandi-tinnen
Sam	Onion-Sam	schwarzer Zwiebel-verkäufer, repariert das Schulgebäude, verliebt sich in Kate Barlow
Mr Pendanski	Mom	Betreuer des Zeltes D
Marion Sevillo	Mr Sir	Assistent von Warden Walker

2 individuelle Lösungen

Lektüre: Löcher
© 2012 Oldenbourg Schulbuchverlag GmbH

1
1) Parker
2) Mützen
3) Metzger
4) Cornflakes
5) Koffer
6) Eichen
7) Mary Lou
8) Beglaubigung
9) Texas
10) Fußschweiß
11) Pfirsich
12) Zwiebelduft
13) Morengo
14) Tarantel

Lösungswort: Clyde Livingston

1 a individuelle Lösungen

  b individuelle Lösungen

2 individuelle Lösungen

Lektüre: Löcher
© 2012 Oldenbourg Schulbuchverlag GmbH

---

1 individuelle Lösungen

mögliche Antworten:
Stanley Yelnats: stammt aus einer Familie, die immer vom Unglück getroffen wurde. Er wird fälschlicher-weise angeklagt, gestohlen zu haben. Deshalb muss er ins Camp Green Lake. Zu Beginn ist übergewich-tig, traut sich nichts zu und hat keine Freunde, ent-wickelt sich aber zu einem körperlich und gefühlsmä-ßig starken Jungen. / **Zero (Hector Zeroni):** ist ruhig, hat einen starken Willen, ist Analphabet, kann aber sehr gut rechnen und Löcher graben. Er befreundet sich mit Stanley, sie helfen sich gegenseitig. Nur we-gen ihrer Freundschaft können sie überleben. Er ist ein Nachkomme von Madame Zeroni, die Stanleys Familie verflucht hatte. / **Mr Sir:** ist gewalttätig, zy-nisch und hält die Jungen zur Härte an. / **Mr Pendan-ski:** ist auf den ersten Blick nett, ist aber gemeiner als Mr Sir. / **The Warden:** ist Chefin, interessiert sich nur für den Schatz und kümmert sich nicht um das Leid der anderen. Sie droht und belohnt, um ihren Willen zu bekommen. Sie ist die Enkelin von Charles und Linda Walker (verfolgten Kissin' Kate und suchten lebenslang den Schatz). / **X-Ray:** Chef der Jungen im Camp. Auch er belohnt und bedroht, um über die anderen Jungen zu herrschen.

Lektüre: Löcher
© 2012 Oldenbourg Schulbuchverlag GmbH

---

1 individuelle Lösungen

mögliche Antworten
Elya Yelnats: bricht ein Versprechen. Darauf folgt ge-nerationenlanges Unglück für die Yelnats-Familie. / **Madame Zeroni:** gibt Elya ein zu fütterndes Schwein, damit er seine Geliebte bekommt. Er soll sie auf einen Berg tragen, damit sie von dem nach oben laufendem Wasser trinken kann. Er bricht dieses Ver-sprechen, sie verflucht seine Familie. Der Fluch wird durch die Freundschaft von Stanley und Zero aufgehoben. / **Katherine Barlow:** war vor 100 Jahren Lehrerin in Green Lake City und berühmt für ihre Pfirsiche. Als sie Sam küsste, zündeten die Menschen das Schulhaus an und töten ihn. Sie wird zur Räu-berin, die auch Stanleys Urgroßvater überfällt. Ihre Pfirsichgläser werden von Zero unter Sams Boot gefunden. / **Sam, der Zwiebelmann:** verkauft Zwie-beln, Zwiebel-Medikamente, repariert das Schul-dach, verliebt sich in Katherine. Als sie sich küssen, kommt es zum Aufruhr, weil er schwarz war. Stanley und Zero finden 100 Jahre später noch seine Zwie-beln in der Wüste. / **Charles „Trout" Walker:** dum-mer, arroganter Verehrer von Katherine. Als sie Sam wählt, ermordet er Sam. / **Stanley Yelnats I:** ist der Urgroßvater von Stanley und Sohn von Elya, wird von Kissin' Kate ausgeraubt, erklettert den „Großen Dau-men" und überlebt hier bis zu seiner Rettung.

Lektüre: Löcher
© 2012 Oldenbourg Schulbuchverlag GmbH

B4 Die Figuren IV Seite 32

1–6 individuelle Lösungen

B5 Sich auf den Roman beziehen II Seite 33

1 individuelle Lösungen

mögliche Wortklärungen
Isolationshaft: Häftling darf keine Kontakte haben
widerborstig: störrisch / **Ideal:** der höchste Wert
Standardantwort: stets dieselbe Antwort
Instruktor: Lehrer, Erzieher / **verbal:** mit Worten
devot: unterwürfig / **animalisch:** wie Tiere
Soldatenjargon: im Stil von Soldaten
Normabweichler: nicht so wie die anderen
hysterisch: übertrieben erregt
rüde: rücksichtslos, gefühllos / **empirisch:** messbar
skeptisch: zweifelnd / **Ineffizienz:** Wirkungslosigkeit

2 • Sie werden angebrüllt, in Uniformen gesteckt.
   • aus widerborstigen Teenagern mit Hang zu Drogen und Schulschwänzen fügsame Jugendliche mit den richtigen Idealen werden (S. 24–26 und 73–75)

Lektüre: Löcher
© 2012 Oldenbourg Schulbuchverlag GmbH

• „Sir, yes Sir" lautet die devote Standardantwort der Kids auf Befehle ihrer „Instruktoren". Verbale Ausfälle, Beleidigungen und animalisches Gebrüll im Soldatenjargon sind in amerikanischen Bootcamps an der Tagesordnung. Teenager ächzen unter Liegestützen, krabbeln über meterhohe Hindernisse, um die Freude an der „persönlichen Grenzüberwindung" zu erfahren. (Mr Sir: „Das ist kein Lager für Pfadfinderinnen", S. 21)
• Jugendliche Normabweichler lernen, Ordnung zu halten, ihr Bett zu machen und brav den Rücken durchzudrücken. (Anweisungen zum Arbeiten, S. 20)
• Weil die trägen Stadtkinder nicht an Bewegung gewöhnt sind, erleiden einige Kreislaufzusammenbrüche und Schwächeanfälle. (S. 64 ff., Beschreibung der Leiden von Stanley am Anfang seines Aufenthalts)
• stundenlang der Wüstenhitze ausgesetzt (Camp-Beschreibung, S. 7, Anordnungen Mr Sir, S. 20–21)
• Schläge, Tritte ... Tagesordnung. (sadistisches Verhalten von Mr Sir: er lässt Stanleys Wasser auf den Boden laufen, S. 135 und 149)
• Der militärische Drill erhöht die Anpassungsbereitschaft der Jugendlichen nur vorübergehend. (Die Jungen wissen, was sie sich erlauben dürfen und verhalten sich danach: z. B. als Mr Sir mit entstelltem Gesicht erscheint, S. 133)
• Die Persönlichkeit kann man damit im Kern nicht verändern. (X-Ray nutzt die anderen aus, S. 69–70; Stanley spricht nicht mit den anderen aus Angst, etwas Falsches zu sagen, S. 107)

Lektüre: Löcher
© 2012 Oldenbourg Schulbuchverlag GmbH

B6 Sich auf den Roman beziehen III Seite 34

1 Die Methode ist insofern vergleichbar, weil Jugendliche aus ihrem normalen Umfeld herausgerissen werden und anderen Lebensbedingungen unterworfen werden. Sie müssen nun den Anforderungen entsprechen. Der Unterschied ist, dass sie nicht in Gruppen zusammengeschlossen werden und dass die aufnehmenden Eltern sie nicht wie Militärs behandeln, sondern einfach nur mehr von ihnen verlangen als sie es gewohnt sind.

2 pro Bootcamps
   • Jugendliche werden so aus ihrem Trott geholt, auch aus ihrem negativen Umfeld.
   • Wenn wirklich etwas von ihnen verlangt wird, besinnen sich die Jugendlichen auf ihre eigenen Stärken.
   • Die Jugendlichen bekommen eine Aufgabe, vor der sie sich nicht drücken können.

   kontra Bootcamps
   • Die „Erzieher" haben keine richtige Ausbildung, sondern arbeiten nur mit Drill.
   • Die Behandlung ist gegen die Menschwürde.
   • Die Jugendlichen verändern sich nicht wirklich, sondern passen sich nur dem System an / unterwerfen sich den Stärkeren.

3 individuelle Lösungen

Lektüre: Löcher
© 2012 Oldenbourg Schulbuchverlag GmbH

B7 Sich auf den Roman beziehen IV Seite 35

1 individuelle Lösungen

mögliche Antwort:
Abenteuerlust und Fernweh, Unternehmenslust und Herausforderung, etwas Neues anfangen oder kennenlernen, Lösung von persönlichen Problemen
Es könnten aber auch bessere Berufschancen, finanzielle Gründe, Steuern als Gründe genannt werden. – Yelnats ist arm. Madame Zeroni hatte ihm geraten, nach Amerika zu gehen, hier liege seine Zukunft (S. 41).

2 Auf dem Bild erkennt man Menschen, die an Deck eines Schiffs stehen. Sie sind altmodisch gekleidet. Im Hintergrund steht die Freiheitsstatue, das Symbol der USA als „Land der unbegrenzten Möglichkeiten". Die Einwanderer verweisen auf dieses Symbol, fast alle schauen in diese Richtung.

3 a Hauptstadt: Riga / Nachbarstaaten: Estland, Litauen, Weißrussland, Russland / geografische Lage: Staat in Nordeuropa, im Zentrum des Baltikums gelegen, hat eine Küste zur Ostsee

   b individuelle Lösungen

Lektüre: Löcher
© 2012 Oldenbourg Schulbuchverlag GmbH

1

Briefinhalt	Gedanken beim Schreiben
Ich habe bereits ein paar Freunde gefunden.	Sie weiß doch, dass ich nie Freunde habe.
Wir sind den ganzen Tag draußen am See gewesen,	Das stimmt wenigstens, sie muss ja nicht wissen, dass der See ausgetrocknet ist.
deswegen bin ich ziemlich müde.	Auch das stimmt, müde bin ich jetzt wirklich.
Wenn ich die Schwimmprüfung bestanden habe, kann ich Wasserski-laufen lernen.	Übertreibe ich da nicht zu sehr? Ach, damit sie sich keine Sorgen machen, darf ich ruhig so tun, als wäre ich in einem richtigen Feriencamp.
Ich ...	Mitlesen, geht nicht.

2 individuelle Lösungen

3 Sie möchte sich einreden, dass er die Wahrheit schreibt („bin ich mir vorgekommen wie eine ..., die es sich leisten können, ihre Kinder ins Feriencamp zu schicken."). Sie fühlt, dass das so nicht stimmt („Ich weiß, es ist nicht dasselbe, ..., dass du dich bemühst, ... das Beste zu machen.").

Lektüre: Löcher
© 2012 Oldenbourg Schulbuchverlag GmbH

1 individuelle Lösungen

mögliche Antwort:
Na ja, ich muss ihnen ja nicht gerade die Wahrheit sagen. Was glotzt der wieder so, wenn ich schreibe? Was Zero denkt, ist mir egal, er ist ein Niemand. Wenn ich was von Steilwandklettern sage, kriegen die gleich wieder einen Schreck. Mein Hals tut immer noch weh. Das mit der Charakterbildung hört sich wirklich gut an ...

2 a Auf der S. 242 denkt Stanley an seine Eltern und fragt sich, was man ihnen nach seiner Flucht erzählt hat. Vielleicht würden sie weinen, weil sie glauben, er sei tot.

b Er würde ihnen gerne sagen, dass sie sich keine Sorgen zu machen brauchen.

c individuelle Lösungen

mögliche Antwort:
Wie geht es dir? Bei mir ist alles o.k. Ich mache mit einem Freund einen kleinen Ausflug in die Landschaft rund um das Camp. Da ist nämlich der große Daumen – ihr wisst schon, der von dem Großvater gesprochen hat. Und den muss ich mir ja unbedingt anschauen. Ich hoffe, wir sehen uns bald wieder! In Liebe Stanley

Lektüre: Löcher
© 2012 Oldenbourg Schulbuchverlag GmbH

1 Richtig ist die 3. Antwort: Stanley ist übergewichtig. (Seite 11: „Er war übergewichtig und die anderen Kinder in seiner Schule machten sich oft darüber lustig.")

2 Am Anfang ... trauen sie ihm nicht zu, dass er die Turnschuhe von Clyde Livingston geklaut haben kann. (S. 30)
Plötzlich merken sie ..., dass er doch wichtig ist: Als ein anderer Junge ihn angreifen will, helfen ihm die anderen Jungen und sie geben ihm einen Spitznamen (S. 59).
Am Ende ... sind sie ganz stolz auf ihn, sie feiern ihn fast wie einen Helden (S. 280).

3 Stanley könnte man schon als Mobbing-Opfer ansehen. Dabei scheint das quälende Verhalten in seiner früheren Klasse aber vor allem von einem Jungen ausgegangen zu sein, die anderen haben Stanley in dieser Situation nicht unterstützt. Im Camp versuchen die anderen Jungen Stanley manchmal in diese Rolle zu schieben, vor allem, als sie beobachten, dass Zero für ihn die Löcher aushebt. Gleichzeitig wird aber auch deutlich, dass Stanley sich nicht in einer Sonderrolle befindet, sondern alle Jungen einen bestimmten, etwas rüden Ton untereinander haben.

4 individuelle Antworten

Lektüre: Löcher
© 2012 Oldenbourg Schulbuchverlag GmbH

1 individuelle Lösungen

2 individuelle Lösungen

mögliche Antworten:
- Ich war ein Feigling, als ich X-Ray das Röhrchen gegeben habe, damit er sich dafür den Rest des Tages freinehmen konnte. Ich wusste, dass ich sonst Probleme mit ihm kriege.
- Ich hatte doch endlich einen Freund gefunden. Sollte ich den gleich verlassen?
- Ich bin überhaupt nicht mutig. In der Schule habe ich mich nie gewagt, zu protestieren, wenn man mich deswegen gemobbt hat. Aber hier habe ich Vertrauen in meine eigenen Fähigkeiten gewonnen.
- Am meisten Kraft habe ich bekommen, weil ich wusste, dass Zero mir ja auch helfen würde, wenn er in meiner Situation wäre. Das habe ich z. B. gesehen, wie er mich mit der Schaufel hochgezogen hat. Da hat er sich dabei verletzt am scharfen Schaufelblatt. Aber er hat nichts gesagt.
- Traut euch selbst etwas zu, dann werdet ihr auch Mut bekommen! Und glaubt nicht einfach, ihr seid vom schlechten Fluch verfolgt. Das lähmt euch nur!

Lektüre: Löcher
© 2012 Oldenbourg Schulbuchverlag GmbH

B11 Mut

1 individuelle Lösungen

2 individuelle Lösungen

mögliche Antworten:
- Ich war ein Feigling, als ich X-Ray das Röhrchen gegeben habe, damit er sich dafür den Rest des Tages freinehmen konnte. Ich wusste, dass ich sonst Probleme mit ihm kriege.
- Ich hatte doch endlich einen Freund gefunden. Sollte ich den gleich verlassen?
- Ich bin überhaupt nicht mutig. In der Schule habe ich mich nie gewagt, zu protestieren, wenn man mich deswegen gemobbt hat. Aber hier habe ich Vertrauen in meine eigenen Fähigkeiten gewonnen.
- Am meisten Kraft habe ich bekommen, weil ich wusste, dass Zero mir ja auch helfen würde, wenn er in meiner Situation wäre. Das habe ich z. B. gesehen, wie er mich mit der Schaufel hochgezogen hat. Da hat er sich dabei verletzt am scharfen Schaufelblatt. Aber er hat nichts gesagt.
- Traut euch selbst etwas zu, dann werdet ihr auch Mut bekommen! Und glaubt nicht einfach, ihr seid vom schlechten Fluch verfolgt. Das lähmt euch nur!

3 individuelle Lösungen

Lektüre: Löcher
© 2012 Oldenbourg Schulbuchverlag GmbH

B12 Freundschaft

1 Die Kurve der Freundschaft bewegt sich von links unten nach rechts oben.

einschneidende Vorkommnisse in der Freundschaft zwischen Stanley und Zero:
- Zero möchte lesen lernen (S. 105)
- Zero gräbt Stanley sein Loch fertig, als Stanley zur Chefin muss (S. 121)
- Vertrag zwischen beiden: Stanley bietet Zero an, ihm das Lesen beizubringen, wenn Zero seine Löcher weiter gräbt (S. 123)
- Zero verteidigt Stanley, als er von Zickzack angegriffen wird (S. 171)
- Stanley sucht Zero (S. 185 ff.)
- Stanley trägt Zero, als er zusammenbricht (S. 216)
- Stanley bittet Zero, mehr zu trinken (S. 244)
- Stanley ist glücklich, weil er Zero zum Freund hat (S. 235 ff.)
- Stanley bittet die Anwältin, sich um Zero zu kümmern (S. 278)
- Stanley und Zero sind mit Sweet Feet zusammen bei einem Fest (S. 293)

Lektüre: Löcher
© 2012 Oldenbourg Schulbuchverlag GmbH

B12 Freundschaft

1 Die Kurve der Freundschaft bewegt sich von links unten nach rechts oben.

2 a
- Stanley bittet Zero, mehr zu trinken (S. 244)
- Stanley bittet die Anwältin, sich um Zero zu kümmern (S. 278)
- Vertrag zwischen beiden: Stanley bietet Zero an, ihm das Lesen beizubringen, wenn Zero seine Löcher weiter gräbt (S. 123)
- Stanley und Zero sind mit Sweet Feet zusammen bei einem Fest (S. 293)
- Zero verteidigt Stanley, als er von Zickzack angegriffen wird (S. 171)
- Stanley sucht Zero (S. 185 ff.)
- Zero gräbt Stanley sein Loch fertig, als Stanley zur Chefin muss (S. 121)
- Stanley trägt Zero, als er zusammenbricht (S. 216)
- Zero möchte lesen lernen (S. 105)
- Stanley ist glücklich, weil er Zero zum Freund hat (S. 235 ff.)

b individuelle Lösungen

c individuelle Lösungen

Lektüre: Löcher
© 2012 Oldenbourg Schulbuchverlag GmbH

B13 Eine Präsentation gestalten

1 individuelle Lösungen

B13 Eine Präsentation gestalten

1 individuelle Lösungen

Lektüre: Löcher
© 2012 Oldenbourg Schulbuchverlag GmbH

1 individuelle Lösungen

mögliche Beispiele:

Textstellen	Person	Seite
„Er war viel kräftiger als damals, als er ankam. Sein Körper hatte sich irgendwie an die Hitze und die rauen Bedingungen gewöhnt."	Stanley denkt das über sich selbst	S. 165
„Du wirst dich wundern, wie viel man erreichen kann, wenn man es sich nur fest genug vornimmt."	Mr Sir sagt das über die Jungen aus dem Camp	S. 75
„Es wird immer ein bisschen größer werden, aber du wirst gleichzeitig ein bisschen kräftiger werden."	Mme Seroni sagt das zu Elya Yelnats	S. 42
„… interessiert sich der Leser vermutlich viel mehr für die Veränderungen in Stanleys Persönlichkeit und seinem Selbstvertrauen."	der Erzähler spricht über Stanley	S. 292

2 a+b individuelle Lösungen

Lektüre: Löcher
© 2012 Oldenbourg Schulbuchverlag GmbH

1 Es ist eine Empfehlung mit Einschränkungen:

Der Filmkritiker hebt einige Elemente als positiv hervor: „mit traumwandlerischer Sicherheit auf einem halben Dutzend Ebenen parallel bewegt und am Ende dann alle Erzählstränge plausibel miteinander verknüpft", „Größere Kids und ihre erwachsenen Begleiter werden von dem vertrackten Story-Konstrukt dagegen fasziniert sein."

Er betont aber auch, dass der Film wirklich nur für Zuschauer ab zehn Jahren geeignet ist: es geht „mitunter ziemlich grimmig und gruselig zu" und der Film behandelt schwierige Themen wie „Rassismus, soziale Verwahrlosung, Obdachlosigkeit und Gewalt gegen Kinder."

2 individuelle Lösungen

3 Die Veränderung des Titels zu „Das Geheimnis von Green Lake" zeigt, dass die Spannung mehr im Vordergrund steht als im Buch. In der Regel hat sich der Regisseur an die vorgegebene Handlung gehalten, aber u. a. durch die Untermalung durch die Musik, die karikaturhafte Darstellung einiger Figuren und die Zuspitzung einiger Szenen wird der Unterhaltungsfaktor bewusst verstärkt.

Lektüre: Löcher
© 2012 Oldenbourg Schulbuchverlag GmbH

1 individuelle Lösungen

Lektüre: Löcher
© 2012 Oldenbourg Schulbuchverlag GmbH

Hinweise für Lehrer/innen

Für die Arbeit mit dem Lektüreheft empfiehlt es sich, dass die Schülerinnen und Schüler sich einen Ordner anlegen. In den Ordner gehören:

- die ausgewählten Arbeitsblätter A und B,
- der Bearbeitungsbogen (📖 48)
- und leere Blätter (liniert und unliniert) für Schreibaufgaben, Notizen, Skizzen o. Ä.

Wird die Arbeit als Stationen- oder Einzelarbeit ausgeführt, so ist es auch möglich diesen Ordner zu benoten. In diesem Fall ist auch ein ansprechendes Deckblatt hinzuzufügen.

| A1 | **Annäherung an den Text** | Seite 4 |

Lernziel/Thema: Lesemotivation wecken, den Paratext analysieren
Vorkenntnisse: keine

| A2 | **Stanley und seine Familie** | Seite 5 |
→ Ⓑ 2·3

Lernziel/Thema: Textinhalte visualisieren, Reimen, Sprachspiele üben
Vorkenntnisse: Kap. 4

| A2 | **Stanley und seine Familie** | Seite 6 |
→ Ⓑ 2·3

Lernziel/Thema: Textinhalte visualisieren, Reimen, Sprachspiele üben
Vorkenntnisse: Kap. 4

| A3 | **Stanley und seine „Straftat"** | Seite 7 |
→ Ⓑ 1·2

Lernziel/Thema: Stichworte dem Text entnehmen, Form des Berichts üben, verschiedene Perspektiven auf ein Geschehen wahrnehmen
Vorkenntnisse: Kap.6

| A4 | **Das Camp** | Seite 8 |
→ Ⓑ 5·6·10

Lernziel/Thema: Inhalte zusammenfassen
Vorkenntnisse: Kap. 4–7

| A5 | **Vergangenheit und Gegenwart** | Seite 9 |
→ Ⓑ 2·3

Lernziel/Thema: Erzählstrukturen eines „Erzählzopfes"nachvollziehen
Vorkenntnisse: Kap. 7

| A5 | **Vergangenheit und Gegenwart** | Seite 10 |
→ Ⓑ 2·3

Lernziel/Thema: Erzählstrukturen eines „Erzählzopfes" nachvollziehen
Vorkenntnisse: Kap. 7

| A6 | **Sich auf den Roman beziehen I** | Seite 11 |
→ Ⓑ 5·6·7

Lernziel/Thema: Umgang mit Fachtexten, Vergleich mit einem literarischen Text
Vorkenntnisse: Kap. 8
Hinweis: Hier empfiehlt sich eine Zusammenarbeit mit dem Biologieunterricht.

| A7 | **Die Jungen im Camp** | Seite 12 |
→ Ⓑ 2·3·5·6

Lernziel/Thema: Inhalte im Text finden, Spitznamen in ihrer Wirkung bewerten
Vorkenntnisse: Kap. 8–12
Hinweis für Aufgabe 3: Man kann auch auf die Äußerungen von Mr Pendanski auf S. 26 verweisen: „Ich selbst nenne euch allerdings lieber bei den Namen, (…) unter denen ihr auch in der Gesellschaft leben werdet, wenn ihr dereinst als nützliche und arbeitsame Mitglieder in ihren Schoß zurückkehrt.".

| A8 | **Das Goldröhrchen** | Seite 13 |

Lernziel/Thema: Erstellen von Hypothesen zum Text
Vorkenntnisse: Kap. 13–17
Hinweis: Dieses Arbeitsblatt ist nur dann wirklich gut einsetzbar, wenn man nicht schon die ganze Handlung des Romans kennt, da sonst der Rate-Effekt entfällt.

| A9 | **Zero möchte lesen lernen** | Seite 14 |
→ Ⓑ 12

Lernziel/Thema: textnahes Lesen, Belegen am Text
Vorkenntnisse: Kap. 18

| A10 | **Die Chefin** | Seite 16 |
→ Ⓑ 2

Lernziel/Thema: Textnahes Lesen, Untersuchen von Statusunterschieden in der Sprache
Vorkenntnisse: Kap. 20

Lektüre: Löcher © 2012 Oldenbourg Schulbuchverlag GmbH

Hinweise für Lehrer/innen

A10 **Die Chefin** Seite 17
→ Ⓑ 2

Lernziel/Thema: Textnahes Lesen, Untersuchen von Statusunterschieden in der Sprache
Vorkenntnisse: Kap. 20

A11 **Die Kissin'-Kate-Story** Seite 18
→ Ⓑ 3

Lernziel/Thema: Inhaltswiedergabe, Sympathien verteilen
Vorkenntnisse: Kap. 23, 25, 26, 28
Hinweis: Es empfiehlt sich auch eine Diskussion zu der genauen Reihenfolge der Figuren. Dabei können dann unterschiedliche Akzente gesetzt oder Taten entschuldigt werden.

A12 **Kapitelüberschriften finden I** Seite 19

Lernziel/Thema: Textinhalte zusammenfassen
Vorkenntnisse: S. 7–158

A13 **Die Flucht I** Seite 20
→ Ⓑ 11 · 12

Lernziel/Thema: Fragen zum Text stellen und beantworten
Vorkenntnisse: Kap. 30–34

A14 **Die Flucht II** Seite 22
→ Ⓑ 13

Lernziel/Thema: genaues Lesen: Auffinden von „Stolperwörtern", Analyse von Spannungselementen
Vorkenntnisse: Kap. 35–38

A15 **Zero I** Seite 23
→ Ⓑ 13

Lernziel/Thema: genaues Lesen, Kombinieren von Informationen aus dem Text
Vorkenntnisse: Kap. 39

A16 **Zero II** Seite 24
→ Ⓑ 2

Lernziel/Thema: Informationsentnahme aus mehreren Kapiteln
Vorkenntnisse: Kap. 31, 41

A17 **Kapitelüberschriften finden II** Seite 25

Lernziel/Thema: Überprüfen des Textverständnisses, Zusammenfassen von Inhalten
Vorkenntnisse: S. 160–296

A18 **Drei Geschichten** Seite 26
→ Ⓑ 11 · 12 · 13

Lernziel/Thema: Strukturen des Textes durchschauen
Vorkenntnisse: S. 1–296
Hinweis: Hier könnte eine Vertiefung in Form eines dreiteiligen Plakats stattfinden, das visualisiert, wie die drei verschiedenen Stränge jeweils im Roman verflochten werden.

A19 **Die Figuren I** Seite 27
→ Ⓑ 2 · 3 · 4

Lernziel/Thema: Kombination von Informationen zu einzelnen Figuren, Übersicht über die Figuren
Vorkenntnisse: S. 1–296

B1 **Eine Gerichtsverhandlung** Seite 29
→ Ⓐ 3

Lernziel/Thema: verschiedene Perspektiven auf ein Geschehen wahrnehmen, eine Gerichtsverhandlung im Rollenspiel nachspielen
Vorkenntnisse: S. 7–296
Hinweis: Jede Gruppe schickt einen Vertreter/eine Vertreterin, der/die die angegebene Rolle spielen soll. Es ist möglich, die Rollen auszutauschen, wenn dem Vertreter/der Vertreterin keine angemessenen Argumente mehr einfallen, andere Mitglieder der Gruppe aber noch weitere wüsste. Dann kann mitten im Spiel die Person von jemand anderem dargestellt werden.
Es ist zu entscheiden, ob die entlastenden Informationen zu Stanley von S. 285 in einem zweiten Verfahren nachgespielt werden sollen.

B2 **Die Figuren II** Seite 30
→ Ⓐ 2 · 5

Lernziel/Thema: kurze Charakteristik der verschiedenen Figuren
Vorkenntnisse: S. 7–296

Hinweise für Lehrer/innen

B3 **Die Figuren III**   Seite 31

→ A 5 · 11 · 18 · 19

Lernziel/Thema: kurze Charakteristik der verschiedenen Figuren
Vorkenntnisse: S. 7–296

B4 **Die Figuren IV**   Seite 32

→ A 7

Lernziel/Thema: Standbilder zu den einzelnen Figuren
Vorkenntnisse: S. 7–296
Hinweis: Die Methode des Standbildbauens empfiehlt sich nur für Lehrkräfte, die selbst Erfahrungen damit gemacht haben.
Das Standbildstellen erfordert große Ruhe in der Klasse. Sollten die Schülerinnen und Schüler damit Probleme haben, so können einleitend einige Wahrnehmungs- oder Konzentrationsspiele gespielt werden.

B5 **Sich auf den Roman beziehen II**   Seite 33

→ A 4

Lernziel/Thema: Einen Sachtext verstehen, fremde Wörter nachschlagen, einen Sachtext auf einen literarischen Text beziehen, selbst Stellung nehmen zu einem gesellschaftlichen Problem
Vorkenntnisse: S. 7–296

B6 **Sich auf den Roman beziehen III**   Seite 34

→ A 4

Lernziel/Thema: Einen Sachtext verstehen, fremde Wörter nachschlagen, einen Sachtext auf einen literarischen Text beziehen, selbst Stellung nehmen zu einem gesellschaftlichen Problem
Vorkenntnisse: S. 7–296
Hinweis Aufgabe 3: Man könnte einwenden, dass Stanley sich in seiner Persönlichkeit im Camp positiv verändert. Das ist aber nicht nur auf das Camp zurückzuführen, sondern darauf, dass er Freundschaft zu Zero schließt. Im Camp hat er jedoch gelernt, seinen Körper zu bezwingen.

B7 **Sich auf den Roman beziehen IV**   Seite 35

→ A 2 · 5

Lernziel/Thema: Bildanalyse, Informationen aus dem Internet einholen.
Vorkenntnisse: S. 7–296
Hinweis: Hier empfiehlt sich die Zusammenarbeit mit dem Erdkundeunterricht, in höheren Klassen auch mit dem Geschichtsunterricht.

B8 **Drei Briefe I**   Seite 36

→ A 2

Lernziel/Thema: Briefform, Unterschiede zwischen intimen Gedanken und den Botschaften nach außen unterscheiden
Vorkenntnisse: S. 62–63, 97–99

B9 **Drei Briefe II**   Seite 37

→ A 2

Lernziel/Thema: Briefform, Unterschiede zwischen intimen Gedanken und den Botschaften nach außen unterscheiden
Vorkenntnisse: S. 62–63, 97–99
Variation: Auch andere Textstellen, bei denen Stanley emotional bewegt ist, eignen sich für die Beantwortung der Aufgabe 2.

B10 **Mobbing**   Seite 38

→ A 13

Lernziel/Thema: Untersuchung des Textes zum Thema Mobbing
Vorkenntnisse: S. 7–296
Hinweis zu Aufgabe 4: Die anderen Jungen im Camp sehen Stanley nun als Helden, auch Sweet Feet befreundet sich mit ihm, weil er ihn bewundert. Diese Freundschaft könnte ihn bei anderen Altersgenossen beliebt machen, sodass sie die alten Vorkommnisse vergessen und ihn als Held bewundern.

B11 **Mut**   Seite 39

→ A 13

Lernziel/Thema: Untersuchung des Textes zum Thema Mut, ein fiktives Interview schreiben
Vorkenntnisse: S. 7–296

Hinweise für Lehrer/innen

B11 **Mut** Seite 40
→ [A] 13

Lernziel/Thema: Untersuchung des Textes zum Thema Mut, ein fiktives Interview schreiben
Vorkenntnisse: S. 7–296

B12 **Freundschaft** Seite 41
→ [A] 9 · 14

Lernziel/Thema: Visualisierung von Textinformationen, Belege am Text
Vorkenntnisse: S. 7–296

B12 **Freundschaft** Seite 42
→ [A] 9 · 14

Lernziel/Thema: Visualisierung von Text-informationen, Belege am Text
Vorkenntnisse: S. 7–296

B13 **Eine Präsentation gestalten** Seite 43
→ [A] 5 · 11 · 12 · 17 · 18

Lernziel/Thema: Kreative Umsetzung der Inhalte des Romans
Vorkenntnisse: S. 7–296
Hinweis: Wichtig ist, dass Sätze ausgewählt werden, bei denen auch tatsächlich eine bildliche Umsetzung möglich ist – auch technisch. Die Papiertheater-bühne ist nicht sehr groß, sodass die Anbringung von Details kompliziert werden kann. Es empfiehlt sich zum Erstellen von Figuren und Bühne die Zusammenarbeit mit dem Kunstunterricht.

B13 **Eine Präsentation gestalten** Seite 44
→ [A] 5 · 11 · 12 · 17 · 18

Lernziel/Thema: Kreative Umsetzung der Inhalte des Romans
Vorkenntnisse: S. 7–296
Hinweis: Wichtig ist, dass Sätze ausgewählt werden, bei denen auch tatsächlich eine bildliche Umsetzung möglich ist – auch technisch. Die Papiertheater-bühne ist nicht sehr groß, sodass die Anbringung von Details kompliziert werden kann. Es empfiehlt sich zum Erstellen von Figuren und Bühne die Zusammenarbeit mit dem Kunstunterricht.

B14 **Eine Umfrage** Seite 45
→ [A] 7

Lernziel/Thema: Textelemente ihren Personen zu-ordnen, eine Umfrage erstellen und auswerten.
Vorkenntnisse: S. 7–296

Hinweis: Ein gutes Mittel, Umfragen zu erstellen und auch auszuwerten, ist das Empirieprogramm Grafstat, das für Bildungsinstitutionen kostenfrei im Netz erhältlich ist und schon von Schulklassen eingesetzt werden kann (www.grafstat.de). Weitere Informationen finden sich auch bei der Bundes-zentrale für politische Bildung (www.bpb.de – Suchwort: Grafstat).
Es empfiehlt sich die Zusammenarbeit mit dem Mathematikunterricht.

B15 **Vergleich mit dem Film** Seite 46
→ [A] 1

Lernziel/Thema: Eine Filmkritik einordnen, Figuren mit realen Personen besetzen
Vorkenntnisse: S. 7–296
Hinweis: Es empfiehlt sich zum Abschluss der Be-handlung des Buchs, den Film vergleichend in der Klasse anzusehen, daran anschließend sollte eine eingehende Besprechung folgen.
Hinweis zu Aufgabe 2: Es sind Bilder von fremden Personen zu suchen. Es ist davon abzuraten, ein „Casting" in der Klasse zu veranstalten, da die Fi-guren ja auch Eigenschaften vertreten, die eher ab-gelehnt werden. So wird Stanley wegen seiner Übergewichtigkeit gemobbt – das sollte nicht in der Klasse wiederholt werden.

B16 **Wertung** Seite 47
→ [A] 1

Lernziel/Thema: Ausprobieren von Vorformen einer literarischen Rezension
Vorkenntnisse: S. 7–296
Hinweis: Es ist sehr wichtig, darauf zu achten, dass eine Buchkritik wirklich eine Bewertung vor-nimmt, die Inhaltswiedergabe ist auf ein Minimum zu reduzieren. Bei der Bewertung kann man sich an der Gepflogenheit der Amazon-Leserreaktionen orientieren und bis zu fünf Sterne vergeben. Auch die Buchkritik von Schülern sollte demnach die eigene Meinung zu dem gelesenen Buch aufgrei-fen, indirekt oder direkt eine Empfehlung zum Le-sen des Buchs oder eine Warnung aussprechen. Wenn möglich sollten dabei klare Kriterien ge-nannt werden (Spannung, Glaubwürdigkeit, Stil … eines Werks).
Die Schülerinnen und Schüler können an die Er-stellung einer Buchkritik auch über Rezensions-Seiten im Internet herangeführt werden, z. B.:
http://ulfcronenberg.macbay.de/wordpress
http://www.lizzynet.de/wws/rezensionen-jugend-buecher.php

Bildquellen

Seite 4.1: Sky photograph © Tony Stone, Desert photograph © Images, use courtesy of Bloomsbury Publishing Plc.

Seite 4.2: Cornelsen Verlag, Berlin

Seite 4.3/ Louis Sachar, Löcher © Beltz & Gelberg in der Verlagsgruppe Beltz,
22/53: Weinheim/Basel

Seite 4.4: Jacket Cover copyright © 2009 by Yearling, an imprint of Random House Children's Books, a division of Random House, Inc. from HOLES by Louis Sachar. Used by permission of Yearling, an imprint of Random House Children's Books, a division of Random House, Inc.

Seite 11: © Christine Glade – iStockphoto.com

Seite 35: ullstein bild – histopics

Seite 46: © Disney/ct-Archiv

Textquellen

Seite 33: Annette Langer: Tod im „amerikanischen Gulag" aus:
http://www.spiegel.de/sptv/themenabend/0,1518,159017,00.html
© SPIEGEL ONLINE 2001

Seite 34: http://www.kabeleins.de/doku_reportage/strengsten_eltern/artikel/18776/

Seite 46: Filmkritik von Gernot Gricksch
http://www.cinema.de/kino/filmarchiv/film/das-geheimnis-von-green-lake,1297461,ApplicationMovie.html

Umschlagkonzept: Mendell & Oberer, München
Umschlagillustration: Uta Bettzieche, Leipzig
Lektorat: Uschi Pein-Schmidt, Sickte
Herstellung: Carina Poschinger
Illustration: Uta Bettzieche, Leipzig
Satz: artesmedia GmbH, Glonn

www.cornelsen.de

1. Auflage, 6. Druck 2023

Alle Drucke dieser Auflage sind inhaltlich unverändert
und können im Unterricht nebeneinander verwendet werden.

© 2012 Oldenbourg Schulbuchverlag GmbH, München
© 2017 Cornelsen Verlag GmbH, Berlin

Druck: H. Heenemann, Berlin

ISBN 978-3-637-01539-5

PEFC zertifiziert
Dieses Produkt stammt aus nachhaltig
bewirtschafteten Wäldern und kontrollierten
Quellen.
www.pefc.de

PEFC/04-31-1156